Tod & Flora

© 2009 Jung und Jung, Salzburg und Wien
Alle Rechte vorbehalten
Satz: Media Design: Rizner.at, Salzburg
Druck: Friedrich Pustet, Regensburg
ISBN 978-3-902497-59-8

HELMUT EISENDLE

Tod & Flora

Ein Glossar über die Verwendung von Giftpflanzen
für den asthenischen Täter

Mit einem Nachwort von
Thomas Eder

similia similibus curantur

INHALT

I. Einleitende Betrachtungen 9
a. Verantwortung und Notwendigkeit 9
b. Macht und Strafe 10
c. Sthenie und Asthenie 11
d. Möglichkeit und Erfordernis 12
e. Betrachtungen über den Konflikt 13
f. Destruktion und Sicherheit 14
g. Konflikt und Psyche 15
h. Vier strategische Grundsätze 16
i. Die Pathogenität der Flora 18
j. Das Glossar 20

II. Konstruktionskalkül der Kasuistik oder
strategisches Flußdiagramm für das Vorgehen
des Asthenikers im Ernstfall 22

III. Glossar 25
IV. Stichwortverzeichnis möglicher Symptome
durch Pflanzen 159

V. Dagegen ist kein Kraut gewachsen.
  Nachwort von Thomas Eder 167

I. EINLEITENDE BETRACHTUNGEN

a. Verantwortung und Notwendigkeit

Zwei einander feindliche Prinzipien bewegen unser menschliches Dasein: der Sinn für das Verantwortliche und das Gefallen am Nützlichen. Die Verantwortung, also jener Grundsatz, der menschliches Tun für allgemeingültig und wünschenswert erklärt, ist im Unterschied zum Primat des Nützlichen ein im Nachhinein erstelltes, gedankliches Konstrukt; Nützlichkeit hingegen bezieht sich auf Geschehenes, auf die zukünftige Aktion und steht jenseits der Instanz eines kollektiven Gewissens.
Daraus erklärt sich operational und funktional die Polarität dieser beiden Prinzipien.
Dieses Buch unterstellt sich von vornherein dem letzteren der beiden.
Es ist nützlich, weil zukünftig verwendbar, weist von der Verantwortung weg und zeigt effektvolle Möglichkeiten menschlichen Tuns auf.
Es ist ein Buch der Praxis und des täglichen, realen Erfordernisses.
Es ist ein Werkzeug, ein Werkzeug in der Hand des Täters.

b. Macht und Strafe

Joseph de Maistre, Vorkämpfer moderner Staatsführung, Vorseher bestehender politischer Verhältnisse, Verteidiger der Ordnung und Disziplin, jener Momente, die unsere Gesellschaft definieren, schrieb in einem seiner Werke folgende bemerkenswerte Sätze:

„Alle Macht und alle Disziplin gründen sich auf den Henker. Er ist der Schrecken, der die menschliche Gemeinschaft zusammenhält. Er ist das Band, der Nenner. Entfernt man diese unbegreifliche Macht aus der Welt, wird die Ordnung dem Chaos weichen, werden Throne einstürzen und wird die Gesellschaft sich in nichts auflösen. Gott, der die Quelle aller Herrschaft ist, ist daher auch die Quelle der Bestrafung..."

Betrachten wir unsere kulturelle und gesellschaftliche Situation, müssen wir erkennen, daß de Maistre, obwohl schon hundert Jahre tot, Recht behalten hat. Die Gewalt, nicht nur als blutiger Henker, sondern institutionalisiert oder als persönlich ausgeübte Macht, ist das hervorstechendste Merkmal unserer bestehenden Gesellschaft und somit ein Grundpfeiler im Gefüge unserer Welt geblieben.

c. Sthenie und Asthenie

Macht impliziert als Institution in ihrer Wirksamkeit auf die Gesellschaft Verhaltensänderungen und Kontrolle. Die Änderung des Verhaltens und die Notwendigkeit der Kontrolle werden als Verantwortung vor der Gesellschaft rationalisiert und in diesem Sinne propagiert. Welches Verhalten aber als Ziel der Veränderung angestrebt wird, unterliegt dem persönlichen Bedürfnis der machthabenden Institution. In der Geschichte und im gegenwärtigen Zustand der Gesellschaftssysteme übt eine sthenische Minderheit durch den Besitz der Machtquellen, also durch die Möglichkeit punitiver und bedürfnisreduzierender Beeinflussung, auf eine asthenische Mehrheit Druck aus, um Änderungen ihrer Bedürfnislage in positiver Richtung zu erreichen. Vom Machthaber werden dabei jene Verhaltensweisen des Beeinflußten als wünschenswert definiert, die ihm oder dem machthabenden Kollektiv eine lust- oder gewinnbringende Zukunft durch Benützung Anderer garantieren.
Die Änderung der Bedürfnislage des Machthabers ist daher vom Verhalten des Beeinflußten abhängig.
Fassen wir folgendermaßen zusammen:
Eine sthenische Kollekte besitzt die Macht, übt über Bestrafung und Bedürfnisreduktion auf eine asthenische Mehrheit Einfluß aus, der sich in Form allgemein unerwünschter, für die sthenische Gruppe aber gewinn- und lustbringender Verhaltensweisen der asthenischen Gruppe darstellt.

d. Möglichkeit und Erfordernis

Dieser allgemein verbreitete Zustand ist unvertretbar und untragbar, untragbar nicht zuletzt, da das einzige Prinzip des Lebens einem Hedonismus-Relationskalkül folgt und jede Phase der einseitigen Verteilung der Befriedigungsmöglichkeiten der anderen Seite nicht nur zum Nachteil wird, sondern auch in den Benachteiligten die Intention bekräftigt, jeder Art von Befriedigungsmöglichkeit, ausgenommen die zur Verfügung stehende, zu vernichten. Diesen Zustand der willentlichen Vernichtung nennt man Krieg.
Es ist an der Zeit, die Macht- und Glücksverhältnisse zwischen Asthenikern und Sthenikern auf humane Weise zu Gunsten der ersteren zu verschieben.
Dieses Buch stellt ein Mittel zu diesem Ziele dar. Das unter dem Primat der Nützlichkeit stehende Glossar ist die Bereitstellung sthenischer Mittel für die asthenische Mehrheit, zur Überwindung ihrer bestehenden Glücklosigkeit und Armut in der gegebenen Situation des Lebens. Ohne auf spezielle Probleme der einzelnen Situationen eingehen zu können, offeriert dieses Glossar eine Methode der Konfliktlösung, wobei deren Anwendung der Gewissensinstanz des Ausübenden unterstellt ist. Der Autor begibt sich damit in die Position des Wissenschaftlers, der das Mittel zur Beseitigung akuter Probleme zur Verfügung stellt, dessen tatsächliche Anwendung aber einer anderen Instanz überlassen muß. In unserm komplexen Leben gibt es eine Vielzahl personeller und sozialpsychologischer Probleme, die radikale Lösungen fordern, da sonst sowohl der persönliche Friede der Person als auch ein vertretbares Zusammenleben ganzer Bevölkerungssysteme nicht mehr gewährleistet ist.

e. Betrachtungen über den Konflikt

„... *die einfachste und radikalste Art, vom Kampf zum Frieden zu kommen ist der Sieg – eine ganz eigenartige Erscheinung des Lebens, von der es zwar unzählige individuelle Gestalten und Maße gibt, die aber mit nichts Bekanntem, was sonst zwischen Menschen vorgehen kann, Ähnlichkeit besitzt...*" (G. Simmel)
Der Konflikt, die Voraussetzung für Kampf und Sieg, läßt sich nach einigen klassischen Theorien immer auf eine Beziehung von zwei Elementen zurückführen, wie es auch in unserem Modell, im Konflikt zwischen asthenischem Kollektiv und sthenischem Kollektiv, der Fall ist.
Das Glück oder Unglück des einen bedingt das Unglück oder Glück des anderen.
Alle Konflikte sind Nullsummenkonflikte oder Konfrontationen, bei denen der Gewinn des einen einen Verlust des anderen bedeutet. Im Endstadium des Konfliktes – im Zustand des Sieges oder Niederganges – entsteht eine Situation, in der eine Partei Vorteile gewinnt, die für die andere Partei zu Nachteilen werden. Im extremen Fall determiniert die Schwächung oder der Tod der einen Person eine Sthenie oder das Glück der anderen beziehungsweise die Möglichkeit ihrer persönlichen Entfaltung und die Zunahme der individuellen Freiheit.

f. Destruktion und Sicherheit

Jedes Konfliktverhalten tendiert dazu, destruktiv zu werden. Konflikte, Repulsionen, Aggressionen und Repressionen bedeuten für den unterdrückten Teil stets eine Reduktion von Freiheit, eine Verminderung der Freiheitsgrade und des Glücks, psychologisch aber eine Frustration. Diese bedingt ihrerseits als Gegenreaktion Aggression. Aggressives Verhalten ist eher zielführend als resignatives.

Das destruktive Verhalten des einen kann destruktives Verhalten des anderen induzieren, das nun umgekehrt das destruktive Verhalten des ersteren verstärkt. Destruktion ist also ein selbstbekräftigender Regelmechanismus.

Geht man von einer Strategie der Sicherheit aus, wie sie in diesem Glossar vorgeschlagen wird, wird die bekräftigende Wirkung der direkt einsehbaren Destruktion durch das ebenfalls verstärkende Element der Erfolgsmeldung unter dem Aspekt der persönlichen Sicherheit ersetzt. Es ist sogar anzunehmen, daß der Lustgewinn oder das bekräftigende Moment am Konflikt mit dem Quadrat der Entfernung von der destruktiven Handlung zunimmt. Je weiter der Täter während der Tatzeit vom Tatort entfernt ist, desto unwahrscheinlicher sind destruktive Gegenmaßnahmen, die die Wahrscheinlichkeit des zukünftigen Wiedereintretens destruktiver Akte verringern könnten und desto wahrscheinlicher ist auch der Gewinn an Befriedigung. Sicherheit und Heimtücke scheinen daher, unabhängig von der Effektivität der Aktion, unbedingte und notwendige Elemente der sinnvollen Konfliktlösung zu sein.

g. Konflikt und Psyche

„... es ist zweckmäßig, den Gegner, mit dem man aus irgendeinem Grund kämpft, auch zu hassen, wie es zweckmäßig ist, denjenigen zu lieben, an den man gebunden ist und mit dem man auskommen muß. Die Wahrheit, die ein Berliner Gassenhauer ausspricht: Was man aus Liebe tut – das geht noch mal so gut – gilt auch für das, was man aus Haß tut. Das gegenseitige Verhalten der Menschen ist häufig nur dadurch begreiflich, daß eine innere Anpassung uns diejenigen Gefühle anzüchtet, die für die gegebene Situation zu ihrer Ausnutzung oder zu ihrem Durchstehen, zum Ertragen oder zum Abkürzen eben am zweckmäßigsten sind, die uns durch seelische Zusammenhänge die Kräfte zuführen, wie sie die Durchführung der momentanen Aufgabe und Paralysierung der inneren Gegenstrebungen erfordert..." (G. Simmel)

Haß oder im milderen Falle Mißgunst sind Varianten der Motivation; die Qualität des destruktiven Verhaltens hängt direkt von der aufgebauten Motivation, also vom Element des Hasses ab. Aversion scheint daher ebenfalls ein unabdingliches Merkmal optimaler Konfliktlösung zu sein.

h. Vier strategische Grundsätze

Aus dem bisher Gesagten ergeben sich vier wichtige Grundsätze als Grundvoraussetzungen optimaler Konfliktlösungen für den asthenischen Täter:

Grundsatz I
WISSEN IST MACHT
Wissen, also die Kenntnis der Möglichkeiten absoluter Destruktion, ist evidenterweise ein Mittel zum Sieg über einen Gegner. Die Lektüre dieses Glossars stellt die geistige Voraussetzung für Macht dar. Das Glossar ist demzufolge ein Mittel zur Macht.

Grundsatz II
HASS BEDINGT MOTIVATION
Notdurft und Unterdrückung erzeugen Haß; Haß ist das psychologische Korrelat des Antriebes, den bestehenden Zustand zu ändern. Der erlebte Zustand der Unterdrückung bedingt die psychologische Valenz Haß, die ihrerseits motivationalen Charakter hat.

Grundsatz III
MOTIVATION BEDINGT DESTRUKTION
Eine durch Haß optimierte Motivation erfordert eine durch Wissen optimierte Destruktion. Nur durch letztere kann die Unterdrückung als Ursache der Aversion beseitigt werden. Verringert sich das Maß der Unterdrückung, reduziert sich, abhängig davon, Haß, Motivation und die Qualität der Destruktion.

Grundsatz IV
SICHERHEIT BEDINGT HEIMTÜCKE
Je größer die List, desto größer die Lust und Erfolgswahrscheinlichkeit. Je weiter der Täter vom Tatort zum

Zeitpunkt der Tat entfernt ist, desto sicherer und effektiver ist er.

i. Die Pathogenität der Flora

Pflanzen sind stofflicher Natur, also Zusammensetzungen organischer und anorganischer chemischer Substanzen. Diese Tatsache haben sich Homöopathen und Pharmakologen zunutze gemacht und eine Vielzahl effektiver Medikamente für und gegen krankhafte Zustandsformen des menschlichen Organismus entwickelt. Frühzeitig haben sie erkannt, daß zwischen pathogener und sanierender Wirkung nur quantitative, nicht aber qualitative Unterscheidungen in den chemischen Substanzen zu treffen sind.
Die natürlichen Grundlagen der Flora sind für den Menschen toxisch, also pathogen, wobei spezifische Quantitäten der Noxe andere toxische Vorgänge im menschlichen Körper beeinflussen und so einen Zustand der scheinbaren Gesundung herbeiführen können. In der Pharmazie geht es also darum, diese hypertoxische Schwelle nicht zu übersteigen oder deren Wirkungsqualität so zu interpretieren, als sei sie eine unumgängliche Notwendigkeit. In der Homöopathie ist das Ziel, die hypertoxische Schwelle nicht zu untersteigen, also der gegenteilige Fall zur Pharmazie, weil sie von der Annahme ausgeht, daß Krankheit nur durch Krankheit geheilt werden könne.
Innerhalb des strategischen Konzepts dieses Glossars geht es darum, nicht unter dem hypotoxischen Limit zu liegen, an sich ein Standpunkt, der dem der Homöopathie nahe kommt. Auch wir gehen von der Hypothese aus, daß Krankheit – in diesem Falle Macht – nur durch die Induktion von Krankheit – in diesem Falle das pathogene Konzept durch die Giftwirkung der Pflanze – zu heilen ist. Was in der Pharmazie als Nebenwirkung verschwiegen, wird hier als nützliche Hauptwirkung – wie auch in der Homöopathie – propagiert. Immer – ob

hie oder da – liegt das Hauptproblem in der quantitativen Bestimmung der Noxe. Jede Noxe hat eine chemisch definierbare Wirkungsbreite; innerhalb dieser können organische Zustände toxisch – also durch die acide Qualität – mehr oder weniger negativ beeinflußt werden. Das Ziel dieses Buches ist es, die für jede Pflanze optimale toxische Qualität festzustellen und dem asthenischen Täter als Werkzeug in die Hand zu geben.
Die Medizin hat sich für diesen Zweck nur als unzureichende Hilfswissenschaft ausgewiesen. Immer wieder hat sie versucht, die toxische Qualität spezieller chemischer Substanzen durch grobschlächtige Rationalisierungen zu vertuschen. Nicht Krankheit, wie es evident wäre und den Intentionen der Ärzteschaft entspricht, sondern Heilung war ihr Ziel, allerdings meist zum Nachteil der Patienten. Wie die lange Geschichte der Vergiftungen durch medizinisches Vorgehen, gemessen an der Zahl der Toten und Geschädigten, beweist, ist das Spektrum der toxischen Möglichkeiten der Flora größer, als der Durchschnittsmensch annimmt.
Im Unterschied zu der Medizin und Pharmazie, in denen sich durch Irrtum und Zufall die Toten und die Lebenden unter den Behandelten die Waage halten, ermöglicht dieses Glossar, im Feind und Patienten alle Grade und Qualitäten toxikogener Zustände zu erzeugen; vom leichten Frieselausschlag, verwendet als destruktiver Hinweisreiz, bis zum verzögerten, qualvollen Tod, als notwendige Straf- oder Befreiungsmaßnahme, bietet es dem Wissenden alles an.
Die Pflanze stellt daher, sieht und verwendet man ihre Kräfte richtig, die ideale Waffe in der Hand des asthenischen Täters dar.

j. Das Glossar

Das nachfolgende Glossar ist im vorhergenannten Sinne ein Mittel der systematischen und gezielten Symptomapplikation.

Welches Symptom im speziellen Falle appliziert werden muß und inwieweit die Applikation allgemein verantwortlich ist, untersteht dabei der Gewissensinstanz des Täters. Hier können nur Möglichkeiten aufgezeigt werden, über Wertfragen soll eine andere Instanz entscheiden.

Kenntnisse, die intensive Lektüre und Verbreitung dieses Glossars, sind Voraussetzungen zu effektvollem Handeln, Erprobungen am tierischen oder wertlosen Objekt von Seiten des Autors wünschenswert.

Das Glossar ist folgendermaßen aufgebaut:
Die ausführliche Beschreibung der Pflanzen
Die Nennung ihrer botanischen Bezeichnung
Die Aufzählung der umgangssprachlichen Benennungen
Informationen über den Fundort, die Wirkung, Eigenschaften, Dosis minimalis – die geringste symptomerzeugende Menge – Dosis letalis – die geringste tödliche Menge – und die Beschreibung einer erfolgreich durchgeführten Symptomapplikation in Form einer Fallstudie.
Das gesamte Glossar umfaßt dreiunddreißig verschiedene Pflanzen.

Abschließend hat der Autor versucht, ein Stichwortverzeichnis aufzustellen. Mit Hilfe dieses Registers ist es zweifellos möglich, den notwendigen Realitätsbezug von der tatsächlichen Lebenssituation zur Konfliktsituationslösungsmöglichkeit des Buches herzustellen.

Wie erwähnt, enthält sich der Autor jeder ethischen Stellungnahme über die Anwendung, hofft aber persönlich, daß durch es viele der bestehenden Konflikte beseitigt und zur Zufriedenheit aller gelöst werden.

II. KONSTRUKTIONSKALKÜL DER KASUISTIK ODER STRATEGISCHES FLUSSDIAGRAMM FÜR DAS VORGEHEN DES ASTHENIKERS IM ERNSTFALL

ASTHENIKER   STHENIKER

Zustand der ← Dependenz ← Zustand der
Frustration   durch Macht   Befriedigung
F_a ↓ B_s ↓

Argumentation ← Dependenz ← Fortgesetzes
für   durch Macht   Verhalten
Gegenaktionen

Auswahl ← Wissen
der   ← Motivation
Strategie ← Destruktion
           ← Sicherheit
↓

Durchführung   Zustand der
Applikation   ───────────→   Frustration
                                 F
                                 ↓
Erfolgswahrnehmung ←

Zustand der   ←──────────   Zustand der
Befriedigung   Frustration
B_a F_s

$$F_a : F_s = B_a : B_s$$

(aber $\quad B_a = \dfrac{\not{F_a}! \cdot B_s}{\not{F_s}!} \quad$ (F_a/F_s = Inexistenz oder Tod)

daher $\quad B_a = B_s = 0!$)

III. GLOSSAR

1
ALRAUN
Mandragora vernalis

Benennung
Alraun, Alraunwurz, Frühlingsalraun, Hexenkraut, Hundsapfel, Mandragore, Schlafapfel, Wutbirne

Beschreibung
Die spindelförmige Wurzel ist dick, fleischig, außen braun und innen weiß. Der Stengel fehlt. Die Blätter sind eirund-lanzettförmig, stumpf, auf der Oberseite kahl und auf der Unterseite mit Haaren besetzt. Die Blüten sind zahlreich, langgestielt, aufrecht und wie der Kelch von gegliederten Haaren zottig umsäumt. Der Kelch selbst ist grün, glockenkreiselförmig, einblättrig, fünfspaltig, außen zottig und innen weiß oder violett. Die Blumenkrone ist schmutzig-gelb. Die Frucht ist eine Beere in der Größe eines kleinen Apfels, gelb, fleischig und weich.

Blütezeit & Fundort
Die Pflanze blüht von Mai bis Juli und findet sich auf schattigen Waldwiesen und feuchten Fluren.

Eigenschaften & Wirkungen
Das Gewächs hat einen ekelhaften, widerlichen, betäubenden Geruch und einen bitteren Geschmack. Die Pflanze und ihre Wurzeln bewirken Wutanfälle, die bis zum Tod durch Erschöpfung führen können. Auch Brennen im Magen und schwere Darmentzündungen sind häufig.

Dosis minimalis/letalis
Längeres Verweilen in der Nähe der Pflanze erzeugt bereits Wutanfälle. Mehrstündige Gegenwart oder der Genuß der Wurzel intensiviert diese Zustände und führt zum qualvollen Tod.

Atropa mandragora.
Der gebräuchliche Alraun.

KASUS – ALRAUN

Ein an verschiedenen Ängsten leidender, sogenannter polysymptomatischer Neurotiker schickte eines Tages dem Psychoanalytiker, bei dem er seit sieben Jahren vergeblich und sinnlos in Behandlung stand und der ihm trotz besseren Wissens Hoffnung auf die Beendigung seiner unerträglichen Zustände gemacht hatte, eine Flasche Kräuterschnaps, dessen Wirkung er durch das Einlegen von Alraunwurzeln verändert hatte.
Der Arzt nimmt das Geschenk wohlwollend, gewohnheitsmäßig als vermutete Anerkennung für seine Leistungen an und kostet sofort davon.
Nach dem ersten Schluck trat bereits das ein, was der Neurotiker erhofft hatte.
Der Facharzt wird von einem plötzlich auftretenden, ungestümen Wutanfall überwältigt. Seine Augen drehen sich unnatürlich über, er spricht die Worte, die ihm in seiner Wut über die Lippen kommen, so aus, als enthielten sie nur die Selbstlaute A und O. Als er zum Fenster stürzt, es öffnet und ein lallendes HOLFAN SO MA, ACH BON VAGAFTOT auf die Straße ruft, erntet er nur das Lachen von Seiten der Passanten.
Seine Handbewegungen, üblicherweise ruhig und gelassen, verlieren wie bei einem Hilflosen ihre Koordinationsfähigkeit. Er bewegt die Arme und Hände, als wolle er ein Knäuel Garn aufrollen. Nach einer halben Stunde, während der die beschriebenen Zustände nicht nur anhalten, sondern sich auch in unangenehmster Weise steigern, wird er von einer schrecklichen Todesangst ergriffen, die vor allem durch ein entsetzliches Brennen im Hals hervorgerufen wird.
Bald liegt er röchelnd auf der Couch, gleich den Patienten, die er eben dort zu analysieren pflegte, und stirbt unter Qualen und Lallen, ehe wer zu Hilfe kommen kann.

2
AMPFER
Rumex obtusifolius

Benennung
Grindwurz, Hummerwurz, Scheißkraut, Scheißplotsche

Beschreibung
Die Wurzel ist länglich, öfter am oberen Ende daumendick und mit einigen Seitenwurzeln versehen, außen braun, innen blaß-bräunlich bis weiß und in der Länge runzelig. Der Stengel ist aufrecht. Die Blätter sind ausgebissen und oft wellig. Die Blüten sind scheinquirlig, voneinander entfernt, gedrungene Trauben mit eirunddreieckigen Fruchthüllen versehen, stumpfrandig und schwielig. Die Frucht ist eine Schalfrucht, dreieckig und von vergrößerten, klappförmig zusammenneigenden Fruchtzipfeln eingeschlossen.

Blütezeit & Fundort
Die Pflanze blüht im Juli und August und wird auf Wiesen, in Feldern, auf bebauten und unbebauten Plätzen, in Dörfern, an Zäunen, auf Wegen und an den Ufern kleiner Bäche gefunden.

Eigenschaften & Wirkungen
Die geruchlose Wurzel hat einen unangenehmen, scharfen, bitteren und zusammenziehenden Geschmack. Sie bewirkt Übelkeit, Erbrechen und den Tod.

Dosis minimalis/letalis
Übelkeit und Erbrechen werden mit drei bis vier dünnen Wurzelscheiben erzielt; die doppelte Menge kann aber bereits zum Tod führen. Die Berücksichtigung der Konstitution wird empfohlen.

Rumex obtusifolius.
Der stumpfblättrige Ampfer

KASUS – AMPFER

Die langjährige, aber ehemalige Freundin und Köchin des Pfarrers von W. bei N. gab eines Tages vor, in den Weingarten zu gehen, um Kren für den Mittagstisch zu holen; aus Eifersucht über die Liebschaft des Pfarrers mit einer jungen Lehrerin, die an diesem Tag zum Essen geladen war, nahm sie statt Kren den giftigen Ampfer, bereitete einen Tafelspitz und brachte das Essen auf den Tisch.
Kurz nachdem der Pfarrer das Tischgebet gesprochen und ein klein wenig gekostet hat, spürt er starke Übelkeit, springt in seiner Not auf und erbricht alles, was er an diesem Tage zu sich genommen hat, über den Tisch.
Bevor er sich entschuldigen kann, spürt er einen brennenden Stich in der Brust, greift sich ans Herz, wankt, wird ohnmächtig und fällt zu Boden. Die neue Lehrerin des Ortes muß zwar alles mit ansehen, kommt aber, da sie noch nichts gekostet hat, mit dem Leben davon.

3
BILSENKRAUT
Hyoscyamus niger

Benennung
Hexenkraut, Hühnergift, Rindswurz, Schlafkraut, Saukraut, Schüsserlkraut, Teufelskraut, Tollkraut, Zigeunerkraut

Beschreibung
Die Wurzel ist möhrig, ästig und weiß. Der Stengel ist lang und mit schmierigen Zottelhaaren versehen. Die Blätter sind schmutzig-grün, eilänglich und grobgezähnt. Die Blüten sitzen einzeln und bilden eine dichte beblätterte Ähre. Die Frucht ist eine grüne Kapsel.

Blütezeit & Fundort
Die Pflanze blüht von Mai bis August und wächst an Wegen, Mauern und an Schutthalden.

Eigenschaften & Wirkungen
Die Blätter haben einen widerlichen, betäubenden Geruch und einen faden, etwas scharfen Geschmack. Die Wurzeln schmecken manchmal süß. Beim Genuß der Pflanze kommt es zu folgenden Wirkungen: Irrsinn, Schwachsichtigkeit, Ohrensausen, Delirien, Muskelschwäche, Heiserkeit, Durst, Ekel, Erbrechen, Leibschmerzen, sardonisches Lächeln, Zuckungen, Lähmungen, Halluzinationen und Tod.

Dosis minimalis/letalis
Zehn bis fünfzehn Blätter oder ein zerteilter Wurzelstock führen zu den genannten Symptomen, fortgesetzter Genuß zum Tod.

Hyoscyamus niger.
Das schwarze Bilsenkraut.

KASUS – BILSENKRAUT

Drei Männer, Insassen einer Strafanstalt, die zum Dienst in der Küche eingeteilt worden waren, bereiteten eine Suppe, in die sie Bilsenkraut mischten, um sich an den tyrannischen Aufsehern zu rächen.
Einige Stunden nach dem Genuß der Suppe werden drei Wächter von Schwindel befallen; andere spüren ein starkes Brennen auf der Zunge, an den Lippen und im Hals; der Oberaufseher empfindet heftige Schmerzen in der Hüftgegend und in den Gelenken; bei einigen scheint die Verstandestätigkeit gestört zu sein; so können drei von ihnen nicht mehr lesen, beziehungsweise lesen die Dienstvorschrift, die man ihnen vorgelegt, von hinten nach vorne, was unverständliches Kauderwelsch erzeugt; neben diesem eigenartigen Verhalten mischen sie fremde, nie gehörte Worte ins Gespräch und überlassen sich sonderbaren Handlungen; einer von ihnen meint, er klettere auf einen Baum, während er auf den Ofen zu steigen versucht, ein anderer beißt scheinbar Nüsse auf und füttert Finken mit Kernen, indem er zugleich nicht vorhandene Pfaue wegscheucht. Der, welcher am meisten genossen hat, unterscheidet alles um sich herum nur mehr mit Hilfe einer Brille, obgleich er vorher sehr gut sehen konnte. Ein schwächerer Aufseher stirbt unter Krämpfen und Schreien.

4
BINGELKRAUT
Mercurialis perennis

Benennung
Bergbingelkraut, Bingel, Hundskraut, Hundskohl, Merkurkraut, Purgiermelde, Ruhrkraut, Schweißkraut, Waldbingelkraut

Beschreibung
Die Wurzel ist kriechend, knotig, weißlich und treibt an den Gelenken Fasern. Der Stengel ist hoch, aufrecht, rund und nackt. Die Blätter sind lanzettartig, gestielt, sägeförmig gezähnt und grün. Es gibt Afterblätter. Die Blüten sind zweiteilig und getrennten Geschlechts. Die Frucht ist eine kurze, steife Kapsel.

Blütezeit & Fundort
Die Pflanze blüht von April bis Mai und kommt auf bewaldeten Bergen, an schattigen Orten und in Nadelwäldern vor.

Eigenschaften & Wirkungen
Die Pflanze hat im frischen Zustand einen widerlichen Geruch und einen scharfen Geschmack. Die Wurzel enthält das indigoartige Satzmehl, das sich auch zum Färben eignet. In größeren Gaben bewirkt das Mehl heftiges Kopfweh, Zittern der Glieder, Erbrechen, Zuckungen und Anfälle, nicht selten sogar den Tod.

Dosis minimalis/letalis
Getrocknet und gerieben genügen zwei Teelöffel Satzmehl zur Erzeugung unangenehmer Symptome. Die drei- bis vierfache Menge kann bereits zum Tod führen.

Mercurialis pereñis.
Das ausdauernde Bingelkraut.

KASUS – BINGELKRAUT

Ein Färber, der bei der unangenehmen Färbearbeit das indigoartige Mehl des Bingelkrautes benützte, bestreute aus Rachsucht über eine nichterhaltene Lohnerhöhung, die ihm auf Grund der schweren Arbeit zustand, die Obstschale seines Lohngebers mit dem giftigen Pulver der Pflanze.

Der Färbereibesitzer, ein wohlbeleibter Mann, wird kurze Zeit nach dem Genuß einiger erfrischender Weintrauben plötzlich weiß im Gesicht, beginnt heftig zu zittern und muß erbrechen. Nachdem er sich übergeben hat, befallen ihn unerträgliche Kopfschmerzen. Er trinkt Tee, doch die Zustände verschlimmern sich immer mehr. Bald wälzt er sich auf dem Boden, Anfälle seltsamster Natur plagen ihn, er zuckt und bangt wie nie zuvor um sein Leben.

5
BRENNESSEL
Urtica urens

Benennung
Blasenjuck, Eiternessel, Feuerl, Gartennessel, Hafnernessel

Beschreibung
Die Wurzel ist spindelförmig, ästig und braun. Der Stengel ist viereckig, furchig, rötlich-violett oder braungrün. Die Blätter sind gegenständig, elliptisch, gezackt und hellgrün bis grün. Die Frucht ist klein und doldenförmig. Die Pflanze ist mit kleinen Brennborsten besetzt.

Blütezeit & Fundort
Die Pflanze blüht im Juni, Juli, August und November an bebauten und unbebauten Plätzen, auf Wiesen und in Gemüsegärten.

Eigenschaften & Wirkungen
Bei Berührung mit der Pflanze entsteht ein schmerzhaftes Gefühl, denn die ätzende Flüssigkeit wirkt wie Feuer auf der Haut. Auch bilden sich verbrennungsartige Blasen. Der Geschmack der Brennessel ist säuerlich.

Dosis minimalis/letalis
Jeder Kontakt mit der Pflanze erzeugt starkes Brennen und Schwellungen. Besonders gefährlich ist das ungekochte Einnehmen. Über letale Ausgänge ist nichts bekannt.

a
Urtica urens.
Kleine Brennessel.

KASUS – BRENNESSEL

Eine achtunddreißigjährige Frau haßte ihren Mann, da er sie auf beschämende Art und Weise unterdrückte und benützte. Auf Grund ihrer physischen Unterlegenheit konnte sie sich niemals zur Wehr setzen. Als der Mann eines Tages an Magenkrämpfen litt, bereitete die Frau ihm ein Gemisch aus kaltem Tee und zerriebenen Brennesseln zu und gab ihm davon zu trinken, da ihm dieser heilende Trunk sicher Linderung verschaffen würde.

Kurz darauf wird der Mann von seltsamen Symptomen geplagt: Seine Haut scheint zu brennen, starker Juckreiz überfällt ihn, einzelne Glieder sind wie erstarrt, die Ohren, die Nase und die Augenlider sind über die Maßen geschwollen, so daß er in der Sicht sehr behindert ist. Nach einer Stunde sind alle Körperteile über dem Nabel ungeheuer stark geschwollen und mit kleinen blutwassergefüllten Blasen bedeckt.

Um das entsetzliche Brennen zu stillen, öffnet der Arzt, der schnell zur Hilfe geholt wird, die Blutblasen durch zahlreiche, kleine Einschnitte an den Ohren, an der Nase, an der Oberlippe und am Hals. Da sich nach diesem Vorgang klare Flüssigkeit entleert und der Kranke sich besser fühlt, wird die Prozedur nach drei Stunden wiederholt. Wieder fließt über ein Liter Blutwasser ab. Nachdem der Arzt die unzähligen kleinen Wunden mit einem Salbenverband versehen hat, übergibt er den Hilflosen zur weiteren Pflege der Gattin. Mehrere Wochen muß der Mann das Bett hüten.

Die Frau pflegt ihn dabei opferbereit.

6
BUSCHANEMONE
Anemona nemorosa

Benennung
Augenwurz, Hainanemone, Hahnenfuß, Waldanemone, Waldhähnchen, Weißer, Waldhahnenfuß, Weiße Windblume, Windröschen

Beschreibung
Die Wurzel ist walzenförmig, rötlich-braun, innen weiß und mit Faserwurzeln bedeckt. Der Stengel steht aufrecht, rund und kahl, über der Erde ist er grün, purpurfarben oder rötlich. Die Blätter sind dreizähnig mit dunkelgrünen oder blaßblauen Zusatzblättchen. Die Blüten sind einzeln, langgestielt und nickend. Der Blütenstiel wird in seiner Basis von drei Blättchen umgeben. Die Früchtchen sind zahlreich und rundlich-länglich.

Blütezeit & Fundort
Die Pflanze blüht von April bis Mai und wächst in Wäldern, auf Wiesen und unter Gebüschen.

Eigenschaften & Wirkungen
Der Geschmack der Pflanze ist unauffällig, die Wirkung aber scharf und auffällig. Die Pflanze erzeugt Blut im Harn.

Dosis minimalis/letalis
Der Saft der Buschanemone verursacht, ins Blut gebracht, Vergiftungen des Körpers, die sich in der beschriebenen Form äußern. Über eine Dosis letalis ist nichts bekannt, doch genügen schon geringe Mengen des Saftes um unangenehme Giftreaktionen hervorzurufen.

Anemone nemorosa.
Die Buſch-Anemone.

KASUS – BUSCHANEMONE

Die Assistentin eines Urologen wurde jahrelang aufgrund ihrer Schieläugigkeit von dem Arzt nicht nur schlecht behandelt, sondern erhielt auch trotz des großen Geschäftserfolges, der durch eine große Anzahl von Privatpatienten bedingt war, ein äußerst kärgliches Gehalt. Da die noch junge Frau es nicht wagte, gegen den herzlosen Urologen aufzutreten, entschloß sie sich zu folgender Möglichkeit der Ersatzbefriedigung: Sie bereitete sich eine Essenz aus dem Saft der Buschanemone zu und mischte sie in das Liquid, das sie alltäglich den Patienten als Muskelrelaxanz einzuspritzen pflegte.
Bald kamen immer mehr Patienten zu dem Urologen und klagten, daß sie Blut im Harn hätten. Obwohl der Arzt gewissenhaft und mit äußerster Pedanterie seine Therapien durchführte, änderte sich nichts an dem seltsamen Phänomen.
Die Assistentin aber, die auch in der Not dem Arzt zur Seite stand, errang sowohl das Wohlwollen als auch eine Gehaltserhöhung, als durch die Reduktion des Giftes der Geschäftserfolg wieder zunahm.

7
EIBE
Taxus baccata

Benennung
Ebe, Eber, Eibe, Taxus, Taxusbaum

Beschreibung
Die Wurzel ist holzig, hat einen starken Pfahlteil und viele Nebenäste. Der Stamm wächst langsam, bisweilen strauchartig. Das Holz ist hart und fest, gelblich oder braun, im Mark dunkel. Die Äste sind dicht. Die Blätter haben Nadelform, sind flach, kurz gestielt, spitz, kahl und dunkelgrün glänzend. Die Rinde ist rotbraun und hat einen grünlichen Anflug. Die Früchte sind ovale, scharlachrote Beeren.

Blütezeit & Fundort
Die Blütezeit ist der Mai, in warmen Frühlingen der April. Man findet die Eibe in Bergwäldern und als Zierbaum in manchen Gärten. Es soll auch Eibenwälder geben.

Eigenschaften & Wirkungen
Die Blätter der Eibe besitzen einen widerlichen, betäubenden Geruch. Der Geschmack ist unangenehm schleimig und bitter. Die Beeren sind süß und saftig, die Kerne hochbitter. Der Genuß verursacht verstärktes Atmen, Schmerzen im Magen, Betäubung, Schlafsucht, Sprachlosigkeit und den Tod durch Lähmung. Der Baum besitzt eine giftige Ausdünstung, die in einigen Fällen zum Tod geführt hat.

Dosis minimalis/letalis
Nach dem Genuß von 2 bis 3 Beeren zeigen Kinder bereits gefährliche Symptome, Erwachsene bei der doppelten Dosis. Einstündiges Verweilen unter einer Eibe kann zur Betäubung führen.

Taxus baccata.
Die gemeine Eibe.

KASUS – EIBE

Ein auf ungerechtfertigte Weise entlassenes Kindermädchen führte während eines Spazierganges am letzten Arbeitstag den fünfjährigen Sohn der Familie in einen Wald und band das Kind für eine Stunde mit einer Leine an einen Eibenbaum fest, gab ihm die Beeren der Eibe zum Naschen und rieb seine Arme mit den Blättern des Baumes ein.

Als der Knabe wieder zuhause ist, wird er plötzlich krank, bekommt Flecken am ganzen Körper wie Flohbisse so groß, beginnt heiser zu sprechen und verliert zusehends an Kräften. Immer schwächer werdend, kann er nach einiger Zeit nicht mehr stehen. Fieber stellt sich ein, seine Lippen beginnen blau zu werden, er wird immer stiller und stirbt nach vier Stunden, ohne dass die ratlosen Eltern irgendetwas dagegen unternehmen können.

8
EISENHUT
Aconitum napellus

Benennung
Blauer Sturmhut, Blaue Kappenblume, Eisentod, Giftwurz, Helmgiftkraut, Kapuze, Mönchskappe, Schwarzer Würger, Teufelshut, Würglich, Wolfswurz, Ziegentod.

Beschreibung
Die Wurzel ist senkrecht und rübenförmig. Der Stengel ist schwachkantig und hoch. Die Blätter sind rundlich, gestielt, grün und mit starken Nerven versehen. Die Blüten sind vielblumig gedrängt, dunkel- oder lichtblau, selten weiß, und laufen in einen Schnabel aus. Die Frucht ist eine Balgkapsel.

Blütezeit & Fundort
Die Pflanze blüht im Juli und August und wächst zwischen Holzanhäufungen im Wald, auf Triften und auf abgeholzten Lichtungen.

Eigenschaften & Wirkungen
Die Wurzel besitzt einen rettichartigen Geruch und einen brennend scharfen Geschmack. Der Eisenhut ist ungemein giftig. Eingenommen, führt er über alle möglichen Krankheitserscheinungen zum Tod unter Qualen.

Dosis minimalis/letalis
Der Saft der Pflanze erzeugt, in das Blut gebracht, sofort unangenehme Erscheinungen. Parenteral beträgt die Dosis minimalis 10 Milliliter, per os einen Teelöffel. Wenn keine Gegenmaßnahmen gesetzt werden, kommt es zum Tod.

Aconitum Napellus.
Der wahre Eisenhut.

KASUS – EISENHUT

Ein adipöses Mädchen, das wegen seines Appetites und wegen seines Körperumfanges von der gesamten Familie gehänselt wurde, preßte einige Pflanzen des Eisenhutes aus und mischte den Saft heimlich ins Mittagessen. Ohne selbst davon zu kosten, beobachtete es die Folgen der Vergiftung: Der sechzigjährige Großvater bekommt Atembeschwerden, erbricht und stirbt nach zwei Stunden. Die fünfunddreißigjährige Mutter und die siebenundvierzigjährige Tante verfallen in Krämpfe und Lähmungen, die sie nach zweieinhalb Stunden dahinraffen. Der achtunddreißigjährige Vater zeigt anfangs starke Niedergeschlagenheit, die von Verzerrungen der Gesichtsmuskulatur abgelöst werden; er stirbt nach vier Stunden plötzlich und unerwartet. Der zwanzigjährige Bruder spürt starke Schmerzen im Hinterhaupt und wird nach fünf Stunden durch den Tod von seinem Leiden erlöst. Die siebzehnjährige Schwester bekommt Angst und ein schauriges Kältegefühl am ganzen Körper und geht nach sieben Stunden an Fieber zugrunde. Der vierzehnjährige Bruder zeigt seltsame Verfärbungen an den Gliedmaßen; die Nägel an den Händen und Füßen werden blau. Er bleibt am Leben.

9
FINGERHUT
Digitalis purpurea

Benennung
Digitalis, Fingerhütel, Gifthut, Purpurea, Purpurhut, Rothut, Rotlauf

Beschreibung
Die Wurzel ist ästig und besitzt viele Fasern. Die Blätter sind breit und graugrünlich bis grün. Die Blüten bestehen aus langen, einseitswendigen Trauben, die sich einzeln am Ende des Stengels befinden. Die Blumenkrone ist purpurrot, innen behaart und auf der Unterseite weiß. Die Frucht ist eine weichhaarige Kapsel.

Blütezeit & Fundort
Die Pflanze blüht von Juli bis August, hie und da wild, sonst aber in Gärten.

Eigenschaften & Wirkungen
Der Fingerhut besitzt einen widerlichen, bitteren, scharfen, ekelerregenden Geschmack. Er wirkt auf die Kreislauforgane, indem er den Schlag des Herzens in seiner Frequenz verändert. Vergiftungen bewirken vermehrte Speichelabsonderung, Kratzen im Hals, Übelkeit, Erbrechen, Durchfall, Herzstillstand, Ohrensausen, Kopfschmerzen und den Tod.

Dosis minimalis/letalis
Ein Teelöffel des Fingerhutsaftes bewirkt bereits Symptome, acht bis zehn davon aber den sicheren Tod durch Herzstillstand.

Digitalis purpurea.
Der rothe Fingerhut.

KASUS – FINGERHUT

Ein schwächlich gebauter, junger Mann schickte dem Liebhaber seiner Verlobten anonym ein Paket mit Kuchen. Die Mehlspeise war mit giftigem Fingerhutpulver bestreut.

Der kräftige Liebhaber kostet davon, befand das Geschenk, von dem er dachte, es wäre von seiner Geliebten, für gut.

In der darauffolgenden Nacht schläft er nur sehr wenig, fühlt sich aber am nächsten Morgen wohlauf und ißt zum Frühstück den Rest des Kuchens auf. Unerwartet muß er sich übergeben und leidet danach den ganzen Tag an Würgen und heftigem Durst. Sein Bewußtsein ist herabgesetzt, und der Puls schlägt unregelmäßig. In der darauffolgenden Nacht treten starke Schmerzen in der Herzgegend auf, und wiederum muß er erbrechen. Oft scheint es ihm, als wolle sein Herz nicht mehr weiterschlagen. Seine Ohren sausen, und er wird von unangenehmen Schwindelanfällen geplagt. Starker Durchfall zehrt an seinen Kräften, sodaß er sich aufgrund der Empfehlung des Arztes für einige Zeit zur Kur in ein Sanatorium begibt.

10
GERMER
Veratrum nigrum

Benennung
Nasenwurz, Nesselgermer, Schwarzer Germer, Schwarzer Hemmer, Schwarzes Nießkraut

Beschreibung
Die Wurzel ist länglich, innen gelb, außen schwarz, knollig und mit Fasern bedeckt. Der Stengel ist weiß bis grünlich, manchmal mannshoch. Die Blätter sind elliptisch und grün. Die Blüten sind schwarzrot und wachsen auf waagrecht abstehenden Stielen. Die Frucht besteht aus einer Balgkapsel.

Blütezeit & Fundort
Die Pflanze blüht von Juli bis August und wächst auf trockenem Boden in Wald und Flur.

Eigenschaften & Wirkungen
Die Pflanze schmeckt scharf und riecht widerwärtig. Sie reizt die Nasenschleimhaut. Germer ist eine todbringende Pflanze, die beim Menschen vorerst Erbrechen, blutige Durchfälle, Reißen, Schneiden im Unterleib und im Harnwerkzeug, Erstarrung der Zunge und Husten erzeugt.

Dosis minimalis/letalis
Als Saft oder in Form von Pulver verarbeitet bringt schon ein Teelöffel die erwünschten Symptome. Mehrere Löffel bedeuten den sicheren, qualvollen Tod.

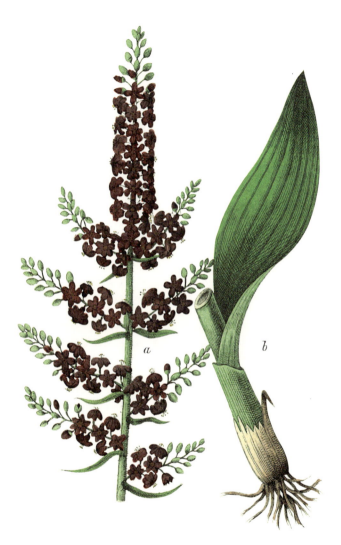

Veratrum nigrum.
Der schwarze Germer.

KASUS – GERMER

Ein Lehrling, der von seinem Lehrherrn jahrelang gezwungen wurde, vom fünfzehn Minuten entfernten Geschäft Wurst, Brötchen und Bier für das Jausenbrot zu holen, mischte in den Salzstreuer, den der Meister zu verwenden pflegte, Germerpulver, um dieser Tyrannei ein Ende zu bereiten.

Der Meister beginnt zu essen, spürt aber nach dem ersten Bissen bereits ein heftiges Brennen im Schlund und in der Speiseröhre. Er macht einen großen Schluck Bier und ißt die Brötchen auf. Bald erbricht er grünen Schleim, Harnzwang überfällt ihn, und sein Körper fühlt sich plötzlich kalt und feucht an. Sein Puls wirkt unterdrückt und kurz, der Atem setzt zeitweilig aus, und er droht zu ersticken. Einige Minuten später röchelt er nur mehr krampfhaft, Lippen und Gesicht sind erblaßt und die Augen gebrochen.

Der Lehrling, den das Mitleid packt, reicht ihm ein Glas Wasser, doch vergebens, der Meister erstickt vor seinen Augen.

11
GIFTLATTICH
Lactuca virosa

Benennung
Giftiger Lattich, Leberdistel, Saulattich, Sausalat, Stinksalat, Wilder Salat

Beschreibung
Die Wurzel ist spindelig und bräunlich. Der Stengel ist hoch, stachelig, braun oder grün. Beim Bruch milcht er. Die Blätter sind dornig. Die Blüten stehen am Ende des Stengels in Form einer traubigen Rispe, die Hülle ist grün, die Blumen gelb. Die Frucht ist schwarz und besitzt weiße, gestielte Federn.

Blütezeit & Fundort
Die Pflanze blüht im Juni und im Juli an Zäunen, Wegen und Misthaufen.

Eigenschaften & Wirkungen
Die ganze Pflanze hat einen widerlichen, betäubenden Geruch und einen langanhaltenden, bitteren, brennend scharfen Geschmack. Der Milchsaft trocknet an der Luft zu braunem Gummiharz ein. Der Geruch des Lattichs verursacht Schwindel, der Saft eingenommen oder auf die Haut gebracht Entzündungen und Ausschläge. Intensiverer Konsum erzeugt die seltsamsten Erscheinungen wie Heiterkeit, Schlafsucht, Betäubung, Schwindel und in extremen Fällen den Tod.

Dosis minimalis/letalis
Halbstündiges Einatmen der Ausdünstung der Pflanze bewirkt Schlafsucht und Betäubung. Eingenommen treten beim Menschen unterschiedliche Wirkungen auf: Alle Wirkungen werden unangenehm und störend empfunden. Eine echte meßbare Dosis letalis ist nicht bekannt.

KASUS – GIFTLATTICH

Jahrelang beutete ein skrupelloser Hausbesitzer seine Mieter aus, bis endlich einer von ihnen sich entschloß, gegen die Geschäftsgebarung vorzugehen. Listig lud der Mieter den Hausbesitzer zu einem Wildbret ein, zu dem er, versteckt zwischen grünem Salat, Giftlattich gemischt hatte.

Der Hausherr läßt sich anfangs das Essen gut schmecken, bekommt aber plötzlich, wie aus heiterem Himmel, starkes, langanhaltendes Aufstoßen und wird unnatürlich heiter und zugänglich, ein Symptom, das der schlaue Mieter sofort dazu benützte, eine günstige schriftlich gesicherte Mietvereinbarung zu treffen. Kurz nach Vertragsabschluß schläft der Besitzer ein, schnarcht laut, lacht zwischendurch, reibt sich im Schlaf die Hände und tut so, als sei ihm etwas besonders Geschicktes gelungen. Unerwartet läßt er, auf dem Lehnsessel sitzend, eine Unmenge Urin ab.

Der Mieter eilt ihm zu Hilfe und merkt mit Erstaunen, daß der Körper des anderen kalt und steif ist.

12
GIFTSUMACH
Rhus toxicodendron

Benennung
Eichenblättriger Sumach, Giftbaum, Giftruß, Sum

Beschreibung
Die Wurzel ist kriechend und holzig. Der Stamm ist ästig, der Strauch selbst mit zahllosen Gelenken übersät. Die Wurzeln des Baumes heften sich gerne an Mauern und anderen Bäumen an. Die Blätter sind langgestielt, grün, dreizählig und unterhalb weichhaarig. Die Blüten sind weiß und zahlreich. Die Früchte sind Steinfrüchte, trocken, weißgelblich, stachelspitz, einfächrig und einsamig.

Blütezeit & Fundort
Der Strauch oder Baum blüht im Juni und Juli und kommt vor allem in Gärten als Zierpflanze vor.

Eigenschaften & Wirkungen
Alle Teile des Sumach enthalten einen weißen, an der Luft schnell trocknenden und schwarz werdenden, scharfen Milchsaft von durchdringendem, widerlichem Geruch. Schon die Ausdünstung des Strauchs kann auf der Haut Flecken erzeugen. Entzündungen und Ausschläge ergreifen oft den ganzen Körper, sogar die Geschlechtsorgane. Eine Person, die von Sumach befallen ist, kann ihre Krankheit an andere weitergeben. Der Verlauf der Krankheit kann tödlich sein.

Dosis minimalis/letalis
Die direkte Berührung der Pflanze oder das Einatmen der Ausdünstung erzeugt die ersten Symptome. Eingenommen, kann der Milchsaft auch in geringen Mengen tödliche Folgen nach sich ziehen. Der Tod tritt aber stets über Sekundärsymptome ein; deshalb kann auch schwer eine Dosis letalis angegeben werden.

Rhus toxicodendron.
Der Gift=Sumach.

KASUS – GIFTSUMACH

Eine fünfundvierzigjährige Frau arbeitete zwanzig Jahre in einer Trüffelfabrik und leerte die Nußschoklademcreme von den Mischbottichen in die Glasierwanne.
Eines Tages mengte sie, um auf ihr hoffnungsloses Schicksal aufmerksam zu machen, in das Gemisch eine Teetasse des Sumachsaftes, den sie in wochenlanger Arbeit gesammelt hatte.
Drei Wochen später sterben in der Stadt mehrere Menschen an inneren Geschwüren, Kinder werden von blutenden Ausschlägen befallen, eine Gruppe von Männern leidet an Entzündungen ihrer Geschlechtsteile, und Gruppen der Bevölkerung werden von seltsamen Krankheiten erschreckt.
Niemand weiß, woher diese Erscheinungen kommen, niemand weiß, was dagegen zu tun ist, und die gesamte Ärzteschaft steht vor einem Rätsel.
Die Frau aber verrichtet nach wie vor ihre unerträgliche Arbeit und fühlt sich, wie durch ein Wunder, von ihr nicht mehr so sehr belastet wie vorher.

13
GLEISSE
Aethusa cynapium

Benennung
Gartenschierling, Glanzpeterlein, Hundsdill, Hundspetersilie, Tolldumm, Tobkraut, Tollpeterlein

Beschreibung
Die Wurzel ist länglich, weiß und ästig. Der Stengel ist aufrecht, innen hohl, außen gestreift, graugrün, am Grunde oft schwarzrot oder violett. Die Blätter stehen wechselweise und sind grün. Die Blüten bestehen aus Dolden. Die Frucht ist zweifächrig.

Blütezeit & Fundort
Die Pflanze blüht von Juni bis September und wächst in bebauten Feldern, Gärten, vermischt mit der Gartenpetersilie, auf Schutthalten und Mistplätzen.

Eigenschaften & Wirkungen
Das geruchlose Kraut gibt, wenn es gerieben wird, einen widrigen, knoblauchartigen Geruch ab. Der Genuß verursacht Übelkeit, Durchfall, Entzündungen der Gedärme, Delirien, Wahnsinn, Raserei und den Tod.

Dosis minimalis/letalis
Die Mindestdosis zur Erzeugung von Symptomen ist ein Teelöffel des geriebenen und getrockneten Krautes; der Tod tritt bei sechs bis acht Teelöffeln nach Auftreten unangenehmer Symptome ein.

KASUS – GLEISSE

Eine zwölfjährige Hauptschülerin, Kind armer Eltern, die jahrelang zu den Besten der Klasse gehört hat, aß aus Zorn über eine ungerechte Zensur vier Wurzeln der Gleiße. Vor den Augen des Lehrers, der der Ansicht ist, daß arme Eltern dumme Kinder haben, bekommt das Mädchen starke Schwindelanfälle, zuckt am ganzen Körper, redet irre, wird von kaltem Schweiß geplagt und vermeint, in einem Anfall von Wahnsinn Unmengen von Hunden und Katzen, die von einem riesigen Affen verfolgt werden, zu sehen. Als der Lehrer das Kind beruhigen will, schlägt das Mädchen plötzlich und unvermutet auf ihn ein und verletzt ihn an der Nase schwer.

14
KRONENWICKE
Coronilla varia

Benennung
Kronenkraut, Korona, Krönerl, Peltschen, Wicke

Beschreibung
Die Wurzel ist spindelförmig und ästig. Der Stengel ist mit Borsten besetzt. Die Blätter sind ungleichpaarig und haben eine Stachelspitze. Die Blüten haben Doldenform. Die Blumenkrone ist weiß und geht ins Rosarote über, nicht selten ist sie auch purpur. Die Frucht besteht aus langen Hülsen.

Blütezeit & Fundort
Die Pflanze blüht von Juni bis September auf Äckern, in Büschen und hinter Zäunen.

Eigenschaften & Wirkungen
Diese hübsche, zarte und bunte Blume ist geruchlos, hat einen bitteren und salzigen Geschmack und führt bei Genuß zum Tod.

Dosis minimalis/letalis
Drei Messerspitzen der zerriebenen und zerhackten Kronenwicke erzeugen Erstickungsanfälle, die doppelte Dosis bedeutet den Tod.

Coronilla varia.
Die bunte Kronenwicke.

KASUS – KRONENWICKE

Eine Jugoslawin arbeitete mehrere Jahre als Gastarbeiterin in einer Großgaststätte. Eines Tages wurde sie aufgrund einer unbedeutenden Unachtsamkeit vom Geschäftsführer auf das Ärgste beschimpft und gezwungen die Arbeit einer erkrankten Aufräumefrau zu übernehmen.
Da sie die Entscheidung ungerecht fand, sich aufgrund der Sprachschwierigkeiten aber nicht zur Wehr setzen konnte, entschloß sie sich für einen anderen Weg der Hilfe.
Sie würzte die Suppe des Geschäftsführers mit fünf Messerspitzen der getrockneten und zerriebenen Kronenwicke. Kurz nach dem Verzehr wird der Chef von ungemein starken Erstickungsanfällen heimgesucht, die ihn an den Rand des Lebens bringen. Zur Linderung serviert die Frau ihm einen Tee, doch es ist ihm unmöglich, die Flüssigkeit zu trinken. Als er sich nicht mehr zu helfen weiß, springt er auf und läuft durch das Lokal ins Freie. Auf der Straße wird er von einem neuen Anfall überrascht, der ihn vor den Augen der entsetzten Gäste tot zusammenbrechen läßt.

15
KÜCHENSCHELLE
Pulsatilla vulgaris

Benennung
Graues Bergmännchen, Mutterblume, Osterblume, Osterschelle, Kuhschelle, Windkraut, Weinkraut, Schlotterblume

Beschreibung
Die Wurzel wächst senkrecht, ist innen gelblich, außen braun. Die Blätter sind klein, schlank und fiederspaltig. Die Blüte ist glockenförmig, anfangs violett ins Hellblaue übergehend, zuweilen lila, purpurrot oder weiß. Die Frucht ist eine Schließfrucht.

Blütezeit & Fundort
Die Pflanze blüht von März bis Mai und wächst auf sonnigen Wiesen.

Eigenschaften & Wirkungen
Die Pflanze hat einen brennend scharfen Geschmack. Auf der Haut verrieben, erzeugt die Blume Blasen. Größere Mengen gegessen verursachen Aufstoßen, Magenschmerzen, Erbrechen, Durchfall, Darmentzündungen und den Tod durch Krämpfe.

Dosis minimalis/letalis
Geringste Wirkungen werden durch Einreiben von Pflanzenteilen auf der menschlichen Haut erzeugt. Der Tod ist selten und kann nur durch frische Pflanzen und größere Einnahmemengen in Form eines Sudes bewirkt werden.

Pulsatilla pratensis
Die Wiesen Küchenschelle.

Pulsatilla vulgaris.
Die gemeine Küchenschelle.

KASUS – KÜCHENSCHELLE

Eine Prostituierte wurde täglich von ihrem Zuhälter wegen ihres nur durchschnittlichen Geschäftserfolges geschlagen und verhöhnt.
Um sich gegen diese Art der Zusammenarbeit zu wehren, mischte sie eines Tages in das Haarwasser Pulver der zerriebenen Küchenschelle.
Als der Mann wie jeden Tag seine Haare anfeuchtet, verspürt er plötzlich ein starkes Brennen in den Augen und auf dem Haarboden. Der Kopf scheint ihm zu platzen, das Weiß der Augäpfel verfärbt sich rot und das Sehvermögen läßt schlagartig nach.
In größter Verzweiflung springt er unter die Dusche, doch auch das bringt kaum Linderung, im Gegenteil, das Brennen verstärkt sich bis zur Unerträglichkeit. Schließlich holt die Prostituierte einen Arzt, doch auch der kann nur wenig tun; es ist zu spät. Das Pulver der Küchenschelle hat die Augen des Mannes bis zur Erblindung verätzt.

16
MEERZWIEBEL
Scilla maritima

Benennung
Haspelwurz, Mäusezwiebel, Meerhyazinthe, Sternhyazinthe

Beschreibung
Die Zwiebel ist birnenförmig und besteht aus saftiger, fleischiger Substanz. Die Wurzelblätter sind hellgrün. Der Blumensaft ist schmutzigviolett. Die langgestielten Blumen sind milchweiß oder rosa. Die Frucht ist eine glatte Kapsel.

Blütezeit & Fundort
Die Pflanze blüht von Sommer bis Herbst und wächst auf sandigem Boden und in ausgetrockneten Bachbetten.

Eigenschaften & Wirkungen
Der Geschmack der Zwiebel ist stechend, treibt die Tränen in die Augen, erregt Niesen und Husten. Ihr Saft bringt auf der Haut kleine Blasen, Rötungen verbunden mit Brennen hervor. Eingenommen wirkt er auf den Harndrang, die Schleimhäute der Atmungsorgane, erzeugt heftige Schmerzen im Unterleib, Durchfall, Gedärmentzündungen und in seltenen Fällen den Tod.

Dosis minimalis/letalis
Drei Scheiben des Zwiebels bewirken einen Tränenausbruch, Brennen im Hals, Niesen und andere Beschwerden. Der Saft der Pflanze kann, in Speisen gemischt, über Darmentzündungen den Tod verursachen.

Scilla maritima.
Die gemeine Meerzwiebel.

KASUS – MEERZWIEBEL

Ein Großgrundbesitzer kehrte bei einem Spaziergang in die Keusche eines Pächters ein, um nach dem Rechten zu sehen und das schuldige Pachtgeld einzufordern, beziehungsweise das zukünftige zu erhöhen.

Der Keuschler, den die Verteuerung der Pacht in große Not gestürzt hätte, bot in seiner Verzweiflung dem Forderer einen Most an, in dem er tagelang zwei Früchte der Meerzwiebel und drei fingerdicke Scheiben derselben eingeweicht hatte.

Da der Tag schwül ist, greift der Besitzer zu und trinkt den ganzen Krug in einem Zug aus. Bald danach stellt sich die erwartete Wirkung ein: Der Großgrundbesitzer wird von heftigen Leibschmerzen übermannt, droht zu ersticken und muß sich hinlegen.

Erst nach Stunden fühlt er sich besser. Der Keuschler macht ihm noch einige kalte Salzumschläge, die sein brennend heißes Gesicht wieder normal aussehen lassen. Die Arme und Beine fühlen sich seltsamerweise nach wie vor eiskalt an.

Endlich, es wird schon Abend, kann der Besitzer den Heimweg antreten.

17
MOHN
Papaver somniferum

Benennung

Beschreibung
Die Wurzel ist senkrecht. Der Stengel gibt eine milchig-weiße Flüssigkeit ab, die an der Luft gelb eintrocknet. Die Blätter sind grün. Die Blütenblätter sind im Grunde schwarz oder violett, sonst aber leuchtend rot oder purpur. Die Frucht ist vielsamig und braun.

Blütezeit & Fundort
Mohn blüht im Juli und August und wird in Gärten, auf Äckern, zwischen dem Getreide und auf Mischwiesen gefunden.

Eigenschaften & Wirkungen
Der weiße Milchsaft der Pflanze hat einen betäubenden Geruch und einen bitteren, scharfen Geschmack. Er ist dem Opium verwandt. Mohn erzeugt Schlaf, in größerem Maße beschleunigten Pulsschlag und Stuhlverstopfung. Auch Kopfschmerzen, Herzbeschwerden, ja sogar Herzstillstand können durch die Pflanze bewirkt werden.

Dosis minimalis/letalis
Die geringste symptomerzeugende Menge ist drei bis vier Teelöffel des Saftes oder der ausgelösten Samen; schwere Symptome und der Tod werden durch die zehn- bis fünfzehnfache Dosis herbeigeführt.

Papaver rhoeas.
Wilder Mohn.

Papaver somniferum.
Garten= oder Ackermohn.

KASUS – MOHN

Ein junger Mann wurde eines Tages gegen seinen Willen zum Militärdienst eingezogen. Nach vier Monaten der Trübsal und des Widerwillens schüttete er in einem unbeobachteten Augenblick fünfzehn Kilogramm eines Extraktes aus dem Milchsaft der Mohnpflanze in den Trinkwasserbehälter der Kaserne.
Zwei Tage darauf erscheint der Kompaniehauptmann nicht zur täglichen Standeskontrolle. Als man in seinem Quartier nachsieht, findet man ihn und andere Soldaten in den Betten schlafend, andere verstört über Kopfschmerzen klagend. Einige atmen schnell, andere wieder stehen Schlange vor der Toilette, und der gesamte Tagesablauf ist gestört. Zu allem Überdruß sterben einige Tage darauf drei Unteroffiziere.

18
NACHTSCHATTEN
Solanum dulcamara

Benennung
Alpranke, Bauernspei, Bittersüß, Bittersüßholz, Sautod, Schußholz, Ufernachtschatten, Veitsteufel

Beschreibung
Die Wurzel ist kriechend und hat Seitenäste. Der Stengel ist ästig und gebogen. Die Blätter sind gestielt, eiförmig-länglich und im Grunde breiter. Die Blüten bestehen aus Trugdolden, sind violett und mit Honiggrübchen ausgestattet. Die Frucht ist eine rote Beere mit einigen schwarzen Punkten.

Blütezeit & Fundort
Nachtschatten blühen von Juni bis September und finden sich im Weidegebüsch, an Bachufern, auf und in hohlen Weidebäumen, in alten Gemäuern, an feuchten Zäunen und in schattigen Wäldern.

Eigenschaften & Wirkungen
Der Stengel hat einen widerlichen, betäubenden, urinartigen Geruch und einen ekelerregenden, süßlichen, aufreizenden Geschmack. Die Beeren sind gallbitter. Die Wirkungen des Nachtschattens sind gesteigerte Hautempfindlichkeit, Rieselgefühl, Schlaf, tonische Krämpfe, schneller Puls, schweres Atmen, Übelkeit, Erbrechen, Heiserkeit, Bauchrumoren, Speichelfluß, Gefühle der Schwäche, Durchfall, Schweißausbrüche, Hautausschläge, Harndrang, Lähmungen und der Tod.

Dosis minimalis/letalis
Die geringste symptomerzeugende Menge liegt bei zwei Eßlöffel der zerhackten, geriebenen Pflanze. Die Dosis letalis wird allerdings schon mit der doppelten bis dreifachen Menge überschritten.

Solanum nigrum.
Der schwarze Nachtschatten.

Solanum dulcamara.
Der kletternde Nachtschatten.

KASUS – NACHTSCHATTEN

Fünfzehn Insassen der Alkoholikerabteilung einer psychiatrischen Klinik überwältigten in einem günstigen Moment einen der Wärter, der sie seit Wochen unmenschlich behandelt hatte. Sie zwangen den Mann, in ein Gitterbett zu steigen und die Früchte des Nachtschattens zu essen, die sie bei den Spaziergängen heimlich gesammelt hatten. Der Wächter, ein bulliger, vierschrötiger Kerl, verfällt nach dem Genuß in eigenartige Zustände: er windet sich in Krämpfen, atmet schwer, erbricht das Eingenommene, versucht zu schreien, doch die Stimme versagt ihm.

Er kann den Stuhlgang nicht mehr halten, und inmitten seiner Exkremente wird er nochmals gezwungen, die Beeren einzunehmen, wobei ihm die Männer versichern, daß dadurch seine Zustände verschwinden würden.

Zusätzlich zu den genannten Symptomen leidet der Wärter kurz darauf an unstillbarem Harndrang, Durchfall und vereinzelten Lähmungserscheinungen. Nachdem die Insassen dem Mann zum dritten Mal von den Beeren zu essen geben, verfällt er, der völlig verschmutzt in seinem Kot liegt, in einen lähmungsartigen Starrezustand und stirbt.

19
OLEANDER
Nerium oleander

Benennung
Gemeiner Oleander, Lorelei, Rosenlorbeer, Ruchlorbeer

Beschreibung
Die Wurzel ist holzig, ästig und treibt einen strauchartigen Stengel. Die Blätter sind dreifach und lanzettartig. Die Blüten bestehen aus Trugdolden. Die Deckblätter sind rötlich, der Kelch purpur. Die Frucht ist eine kleine Kapsel.

Blütezeit & Fundort
Die Pflanze blüht von Juli bis September und kommt im südlichen Europa wild, sonst als Zierpflanze vor.

Eigenschaften & Wirkungen
Alle Teile der Pflanze schmecken bitter und scharf. Das Kauen der Blätter bringt Verätzungen der Schleimhäute, Ohnmachten, Kälte der Gliedmaßen und juckenden Kopfausschlag mit sich. Die Ausdünstung des Oleanders kann sehr gefährlich sein und verschiedene Entzündungen der Atmungsorgane mit sich bringen.

Dosis minimalis/letalis
Das Einatmen des konzentrierten Oleanderduftes erzeugt bereits die ersten Symptome. Eingenommen verursachen schon kleinere Mengen unangenehme Zustände. Der Tod wird durch intensive Vergiftungen und Wiederholungen der Einnahme erreicht.

Nerium Oleander.
Der gemeine Oleander.

KASUS – OLEANDER

Ein Student der Botanik wurde von einem Professor mehrere Male wegen seiner politischen Ansichten von Prüfungen zurückgestellt. Endlich entschloß er sich, gegen diese Willkür Maßnahmen zu ergreifen. Da er Dissertant ist, fällt es ihm leicht, unter dem Vorwand notwendiger Arbeiten einen Schlüssel für die Institutsräume zu erhalten. Eines Tages bleibt er länger als alle anderen. In der sicheren Einsamkeit der Nacht legt er in das Kühlfach, das der Professor zum Aufbewahren seines Mittagsbrotes benützt, einen Strauß blühenden Oleanders.
Am nächsten Morgen legt der Hochschullehrer wie gewöhnlich sein Mittagsbrot in den Eisschrank, sieht zwar den Oleanderstrauch, denkt aber in Unkenntnis der Gefahren nichts dabei und beginnt mit seiner Arbeit. Am Vormittag nimmt der Student den Blumenstrauß aus dem Fach und vernichtet ihn.
Nach dem Essen überfällt den Professor eine seltsame Unruhe, die von starken Schmerzen im Hals begleitet ist. Als sich ein juckender Kopfausschlag hinzugesellt und er der Ohnmacht nahe ist, läßt er sich durch einen seiner Assistenten nachhause führen.
Wie sich später herausstellt, ist die Vergiftung so stark, daß er mehrere Wochen in ein Krankenhaus muß.
Während dieses Aufenthaltes besteht der Student bei einem vertretenden Professor die Prüfungen mit Auszeichnung.

20
OSTERLUZEI
Aristolochia clematitis

Benennung
Luzei, Luzine, Ostergift, Luzifer

Beschreibung
Die Wurzel kriecht lang und ästig, federkieldick durch die Erde. Der Stengel ist hoch, zylindrisch gegliedert und gefurcht. Die Blätter sind herzförmig und netzartig geädert. Die Blüten stehen waagrecht ab, sind gelb und zahlreich. Die Frucht ist eine spitz zulaufende Kapsel.

Blütezeit & Fundort
Die Pflanze blüht im Mai und Juni und wächst in Weinbergen, an Hecken, Zäunen und Ackerrändern.

Eigenschaften & Wirkungen
Die Wurzel hat einen unangenehmen, starken Geruch und einen bitter-scharfen Geschmack. Der Saft der Wurzel wirkt wie die scheibig geschnittene Wurzel stark auf Nerven und Kreislauforgane.

Dosis minimalis/letalis
Zwei Teelöffel zerriebener Osterluzei lassen das Herz schneller schlagen, sechs bis acht davon bringen es zum Stillstand.

Aristolochia Clematitis.
Die gemeine Osterluzei.

KASUS – OSTERLUZEI

Ein häßlicher Mensch wurde wegen seines ungewöhnlichen Aussehens lange Zeit von einem schönen Menschen gequält. Der Häßliche findet eines Tages diese Angriffe und Diffamierungen unerträglich und schreitet zur Tat.

Unvermutet lädt er den Schönen auf ein Bier ein. Während der schöne Mensch die Toilette aufsucht, schüttet der Häßliche heimlich zwei Teelöffel Osterluzeipulver in das Getränk des anderen. Der Schöne kommt zurück und trinkt das Bier, ohne etwas zu bemerken.

Plötzlich wird er von unsagbarem Herzrasen überfallen, und sein Gesicht verzerrt sich in nackter Todesangst zu einer Fratze.

Als der häßliche Mensch dies sieht, lächelt er.

21
REBENDOLDE
Oenanthe fistulosa

Benennung
Drüsenwurz, Pechl, Torfwurz, Wassersteinpech, Wasserfilipendel

Beschreibung
Die Wurzel besteht aus vielen Faserbündeln. Der Stengel ist röhrig, graugrün und kahl. Die Blätter sind langgestielt. Die Blüten bestehen aus Dolden. Die Frucht ist dick und kreiselig.

Blütezeit & Fundort
Die Pflanze blüht von Juli bis August und findet sich auf nassen Wiesen, in Gräben, an Bächen und in der Nähe von Flüssen.

Eigenschaften & Wirkungen
Die giftige Rebendolde besitzt in allen Teilen einen Milchsaft, der safrangelb eintrocknet und folgende Wirkungen hervorrufen kann: Ausschlag, Geschwüre, Fieber, Gicht, Raserei und den Tod.

Dosis minimalis/letalis
Die mindeste symptomerzeugende Wirkungsmenge ist drei Deziliter, die tödliche zwölf davon.

Oenanthe fistulosa.
Die röhrige Rebendolde

KASUS – REBENDOLDE

Ein mittelloser Einsiedler und Bettler lebte jahrelang in der Nähe einer großen, reichen Stadt. Eines Tages entschloß er sich, gegen den Reichtum, den er für das Übel alles Seins hielt, anzukämpfen. Er geht in die Stadt, stellt sich vor einem großen Kaufhaus auf und bietet den Vorübereilenden kleine Büschel der giftigen Rebendolde zum Kauf an. Unzählige nehmen ein Sträußchen und geben dem Einsiedler Geld.
Mit vielen Scheinen kehrt der Bettler in den Wald zurück und vergräbt das Erworbene.
Von diesem Tage an werden in der Stadt Menschen von seltsamen Krankheitserscheinungen heimgesucht. Einige vermuten Vitaminmangel, andere sprechen von Überschuß, dritte sehen die Ursache in der schlechten Luft, und ein Regierungssprecher vermutet sogar eine politische Sabotageaktion. Mehrere Gesetzesanträge werden eingebracht und Initiativen unternommen. Die Stadt stürzt sich aufgrund der geforderten Aktivitäten in Schulden und muß ihre Bürger mit einer außerordentlichen Steuer belegen. Die Menschen können sich weniger leisten, die Luftverschmutzung verringert sich, einige Übel werden beseitigt, doch keiner der Initiatoren fragt sich, wodurch es so gekommen ist.

22
SCHACHBLUME
Fritillaria imperialis

Benennung
Flammengold, grüner Flammerich, Kaiserkrone, Schöngold, Schach

Beschreibung
Die Wurzel ist knollenartig und besitzt starke Verästelungen. Der Stengel ist aufrecht und hoch. Die Blätter sind lang und spitz. Die Blüten sind purpurfarben.

Blütezeit & Fundort
Die Blütezeit der Pflanze ist der Mai. Sie wächst ausschließlich in Gewächshäusern als Zierpflanze.

Eigenschaften & Wirkungen
Die Schachblume besitzt einen unangenehmen, betäubenden, Schmerz verursachenden Geruch und einen scharfen, brennenden Geschmack. Die Wurzeln sind besonders giftig. Eingenommen führen sie über übelste Beschwerden zum Tod.

Dosis minimalis/letalis
Längerer Aufenthalt der Pflanze in geschlossenen Räumen führt bei den Anwesenden bereits zu Ausschlägen und Verätzungen der Atmungsorgane. Ein zerhackter oder zerriebener Wurzelknollen erzeugt zu sich genommen schmerzvolle Darmentzündungen und den Tod unter Qualen.

Fritillaria imperialis.
Die Schachblume.

KASUS – SCHACHBLUME

Die Äbtissin eines strengen katholischen Klosters ließ eines Tages drei Nonnen, die sie bei der Frühpredigt tuscheln und kichern gesehen hatte, zu sich rufen und belegte sie mit einer schweren Buße für ihr gotteslästerliches Verhalten. Außerdem verbot sie ihnen, miteinander zu sprechen. Am Abend des darauffolgenden Tages trafen die Schwestern einander heimlich und beschlossen, die Äbtissin wiederum von ihrer Seite aus zu bestrafen. Ohne Wissen der anderen stellten sie der Ehrwürdigen Mutter einen Strauß wunderschöner Schachblumen in die Kammer mit der Bitte, ihnen zu verzeihen.
Am nächsten Morgen wird die Leiterin des Klosters nur mehr schwach atmend in ihrem Bett gefunden. Die Frühpredigt fällt aus. Der Körper der Äbtissin ist mit erbsengroßen Flecken übersät und trotz aller Hilfen stirbt sie einige Stunden darauf.

23
SCHÖLLKRAUT
Chelidonium majus

Benennung
Krotenkraut, Schölle, Schwöllkraut, Tatschkerkraut, Tatschkertod

Beschreibung
Die Wurzel ist stark ästig, rostrot und innen gelb. Der Stengel hat mehrere Teile und ist mit Haaren besetzt. Die Blätter sind weich und eichenblattähnlich. Die Blüten sind gelbe Dolden. Die Frucht besteht aus einer Schote.

Blütezeit & Fundort
Schöllkraut blüht im August an Mauern, in Gebüschen, an Zäunen und anderen schattigen Orten.

Eigenschaften & Wirkungen
Die Pflanze hat einen übelriechenden, rotgelben, böse Wirkungen erzeugenden Saft. Auf die Haut gebracht, erzeugt er Entzündungen und Blasen. Eingenommen bewirkt er beim Betroffenen Durchfall, Entzündungen der Eingeweide und unter Umständen den Tod.

Dosis minimalis/letalis
Jeder Berührung mit der giftigen Pflanze oder dem Saft der Pflanze erzeugt bereits schmerzhafte Verätzungen. Fünf bis zehn Teelöffel in das Essen gemischt genügen für den Tod.

Chelidonium majus.

Das gemeine Schöllkraut.

KASUS – SCHÖLLKRAUT

Eine Hausgehilfin wurde von einem reichen Ehepaar für ihre Dienste nicht nur mäßig bezahlt, sondern auch schlecht behandelt.
Bar eines anderen Mittels schüttete sie eines Tages der ‚Herrschaft' eine Schale des rotgelben Schöllkrautsaftes in das Badewasser.
Kurze Zeit später hört man aus dem Badezimmer gellende Schreie, die Entsetzliches vermuten lassen. Gleich darauf öffnet sich die Türe, und die Dame des Hauses stürzt in die Halle. Sie dampft am ganzen Körper, ihre Haut brennrot, und auf Brust und Hals haben sich handtellergroße Blasen gebildet. Die Beine und Oberschenkel sind wund und bluten heftig.
Als der Herr des Hauses seiner Gemahlin ein Handtuch überstreifen will, überfällt sie ein krampfartiger Erstickungsanfall, der in einer Ohnmacht endet. Sie fällt zu Boden, und der Hausherr befiehlt der Hausgehilfin, einen Arzt zu rufen.
Während man letzteren erwartet, erwacht die Frau, sieht ihren blutgefleckten Körper und beginnt zu schreien und zu toben. Als der Mann sie beruhigen will, schlägt die erregte Frau ihm mit der blutenden Hand ins Gesicht.

24
SKOPOLINA
Scopolina atropoides

Benennung
Schlafmachendes Bilsenkraut, Walkenkraut

Beschreibung
Die Wurzel ist dick und weiß. Der Stengel steht bei jeder einzelnen Pflanze aufrecht, ist aber krautartig. Die Blätter sind kahl. Die Blüte ist ein hängender blauer Kelch. Die Frucht ist eine Kapsel.

Blütezeit & Fundort
Die Pflanze blüht im April und auf feuchten Böden.

Eigenschaften & Wirkungen
Die Wurzel hat einen widerlichen Geruch und einen bitteren Geschmack. Die Pflanze ist in allen Teilen giftig. Das Gift bewirkt folgende unangenehme Erscheinungen im menschlichen Körper: Flimmern vor den Augen, Funkensehen, Doppelsehen, Schwarzsehen, Farbenblindheit und Blindheit.

Dosis minimalis/letalis
Die mindeste symptomerzeugende Menge ist ein Teelöffel des zu Pulver verriebenen Giftkrautes. Die dreifache Dosis kann den Tod, sicher aber dauernde Blindheit hervorrufen.

Scopolina atropoides.
Die tollkirschenähnliche Scopolina.

KASUS – SKOPOLINA

Ein Brillenträger wurde jahrelang von seinen Bekannten und Freunden als Brillenschlange bezeichnet und geärgert. Da er diese Sticheleien nicht mehr erträgt, mischt er in den Wein, zu dem er seinen Freundeskreis einlädt, das Pulver Skopolina.
Bald werden die Bekannten von seltsamen Erscheinungen heimgesucht; einer sieht Funken, eine Freundin sich und die anderen doppelt, ein dritter kann keine Farben mehr unterscheiden, ein vierter scheint völlig erblindet, und den letzten flimmert es vor den Augen.
Der Brillenträger beobachtet alles genau und ruft lächelnd einen Augenarzt zur Hilfe.

25
SPINDELBAUM
Evonymus europaeus

Benennung
Pfaffenhütchen, Pfaffenkappel, Spindel, Rote Spindel

Beschreibung

Der Stamm ist strauchartig und hat eine graue Rinde. Die Blätter sind gegenständig und länglich. Die Blüten hängen auf Stielen und sind weiß oder gelb. Die Früchte sind rote Kapseln und einem Kardinals- oder Pfaffenhut ähnlich.

Blütezeit & Fundort
Der Spindelbaum blüht im Mai und Juni und wächst auf sonnigen Abhängen.

Eigenschaften & Wirkungen
Alle Teile des Spindelbaumes haben einen unangenehmen, starken Geruch und enthalten einen Stoff, der starken Durchfall und Erbrechen erzeugt.

Dosis minimalis/letalis
Die geriebene Rinde oder die klein zerhackten Teile der Pflanze erzeugen eingenommen in kleinen Mengen bereits die genannten Symptome. Über tödliche Wirkungen ist nichts bekannt.

Evonymus europaeus.
Der gemeine Spindelbaum.

KASUS – SPINDELBAUM

Ein fünfundsechzigjähriger Angestellter einer Versicherungsgesellschaft bemerkte rückblickend auf seine 35-jährige Tätigkeit in der Anstalt, daß er sein Leben der Fiktionalität einer Ausbeutungsidee verschrieben hatte und gegen die Täuschung, die seine besten Jahre verpfuscht hatte, nicht zuletzt aus einem Rest von Anstand, der ihm noch geblieben war, etwas zu unternehmen sei.
Am letzten Arbeitstag, an dem eine kleine Abschiedsfeier für den scheidenden Kollegen stattfindet, schüttet der Gewissenhafte heimlich in die Getränke geriebene Spindelbaumrinde, um sein Gewissen zu beruhigen.
Ein Großteil der Kollegen wird bald darauf von starkem Durchfall und Erbrechen geplagt, Zustände, die so unangenehm werden, daß nicht nur die Feier vorzeitig abgebrochen werden muß, sondern die Anstalt für einige Tage auf einen Großteil der Angestellten verzichten muß.

26
SPRINGGURKE
Momordica elaterium

Benennung
Eselsgurke, Gemeiner Springapfel, Spritzgurke, Springkürbis, Wilde Gurke, Wilder Kürbis

Beschreibung
Die Wurzel ist fleischig und in der Farbe weiß. Der Stengel ist dicht und mit Borstenhaaren besetzt. Die Blätter sind herzförmig und haben lange Stiele. Die Blüten sind gestielt, schmutziggelb und besitzen abstehende Lappen. Die Frucht ist gurkenähnlich und mit Stacheln besetzt.

Blütezeit & Fundort
Die Pflanze blüht von Mai bis September zwischen anderen Feldfrüchten.

Eigenschaften & Wirkungen
Die Wurzel hat einen bitteren Geschmack. Der Samensaft der Frucht bewirkt eingenommen Koliken, Kolikschmerzen, Erbrechen und Würgen. Über Gedärmentzündungen kann der Tod eintreten.

Dosis minimalis/letalis
In die Augen gespritzt bewirkt der Saft Augenentzündungen und Blindheit. Der Genuß der Gurke kann unter bestimmten, günstigen Umständen den Tod herbeiführen.

Momordica elaterium
Die gemeine Springgurke.

KASUS – SPRINGGURKE

Anläßlich einer Studentendemonstration gegen die ungerechtfertigte Verhaftung einiger oppositioneller Studienkollegen bewaffneten sich mehrere Kommilitonen mit angeschnittenen Springgurken. Als die Polizeieinheit Wasserwerfer gegen sie richtet, um sie zurückzudrängen, werfen die Studenten die Springgurken auf die Besatzung des Wagens und die davorstehenden Exekutivorgane.
Die Kürbisse zerplatzen auf den Helmen und der Saft spritzt nicht wenigen in die Augen.
Drei von ihnen werden blind, andere erleiden schmerzhafte Verätzungen, weitere suchen um Versetzung auf das Land an.

27
STECHAPFEL
Datura stramonium

Benennung
Dornapfel, Rauchapfel, Teufelsapfel, Tollapfel, Zwickapfel

Beschreibung
Die Wurzel ist senkrecht, dick und stark. Der Stengel steht senkrecht, aufrecht und verzweigen sich. Die Blätter sind breit. Die Blüten stehen einzeln und sind weiß. Die Frucht ist eine kurze, gestielte mit Dornen besetzte, grüne Kapsel in der Größe eines Apfels.

Blütezeit & Fundort
Der Stechapfel blüht von Juli bis September auf Schutthalden, zwischen Äckern und auf anderen Plätzen.

Eigenschaften & Wirkungen
Der Stechapfel hat einen betäubenden, scharfen, widerlichen Geruch und einen ekelhaft bitteren Geschmack. Zu sich genommen, bewirkt er Schwindel, die Erweiterung der Pupillen, reizt den Magen, führt zu Benommenheit, Delirien, großem Angstgefühl, Brechneigung, Krampfzittern, Kinnbackenkrämpfen, Wasserscheu, Trieb zu beißen, großem Durst, blutigen Stuhlgängen, Auftreibung des Unterleibes, juckenden Ausschlägen auf Brust und Bauch und dem Tod.

Dosis minimalis/letalis
Die geringste unangenehme Wirkung wird durch den brechreizerregenden Geschmack erzeugt. Der Konsum der Pflanze im frischen Zustand führt zum qualvollen Tod.

Datura Stramonium
Der gemeine Stechapfel.

KASUS – STECHAPFEL

Ein Junge wurde jahrelang von seiner Großmutter erzogen und dabei streng und sittsam gehalten. Besonders die geforderte Sittsamkeit beschwerte das Naturell des Kindes sehr. Eines Tages bringt er von einem Spaziergang einige Stechäpfel mit nachhause.
Lächelnd läuft er zu der alten Frau und legt ihr die Früchte in den Schoß. Die Großmutter, die seit einiger Zeit die Antipathie des Kindes zu spüren glaubte, freut sich, da sie in diesem Geschenk eine Liebesbezeugung sieht.
Aufgrund ihrer schlechten Augen hält sie die Früchte für Kronprinz Rudolfäpfel, eine Sorte, die sie besonders gerne mag.
Mit der Vorfreude des Genießens beißt die alte Dame in einen der Äpfel.
Der bittere Geschmack läßt sie aufschreien. Mit blutigen Fingern, die von den Spitzen des Apfels zerstochen sind, und verkrampftem Gesicht sitzt sie da. Die Tränen der Scham fließen ihr aus den Augen.
Das Kind aber läuft über die Wiese davon.

28
TABAK
Nicotiana rustica

Benennung
Englischer Tabak, Knaster, Kleiner Tabak, Türkischer Tabak

Beschreibung
Die Wurzel ist ästig und stark. Der Stengel daumendick und hoch, mit klebrigen Drüsenhaaren versehen. Die Blätter sind groß und am Rande wellig. Die Blüten sind sperrige Rispen, die Frucht eine braune Kapsel.

Blütezeit & Fundort
Tabak blüht von Juli bis September in ganz Europa.

Eigenschaften & Wirkungen
Die Pflanze hat einen stark betäubenden Geruch und einen bitteren Geschmack. Der Konsum hat verheerende Folgen und führt früher oder später zum Tod. Die gefährlichsten Symptome sind: Herabstimmung des Puls- und Herzschlages, Lähmung der Atemtätigkeit, Beeinträchtigung des Atmungsgeschäftes, Beängstigung, klonische Krämpfe, Impotenz, Kopfschmerzen, krampfartiges Zittern, Kälte in den Gliedmaßen, röchelnde Respiration, erhöhter Harndrang, Übelkeit, Kratzen im Hals, Schläfrigkeit, undeutliches Sehen, Hörschwierigkeiten und ein allgemein übler Einfluß auf den Kreislauf.

Dosis minimalis/letalis
Die Pflanze ist für die Applikation langandauernden Siechtums besonders geeignet. Das Rauchen, Inhalieren oder Einnehmen geringer Mengen (1 bis 2 Gramm) erzeugt bereits die genannten Symptome in abgeschwächter Form. Die zehn bis fünfzehnfache Dosis direkt ins Blut gebracht führt zum qualvollen Tod.

Nicotiana rustica.
Der Bauern-Tabak.

KASUS – TABAK

Zwei noch einigermaßen junge Frauen lebten jahrelang mit ihrer alten, gebrechlichen Mutter zusammen, jedoch mit dem Wunsch, die alte Dame loszuwerden und in ein Altersheim abzuschieben. Die alte Frau spürt dies und nimmt sich vor, dagegen etwas zu unternehmen.
Sie lädt die beiden Töchter und deren Lebensgefährten zu einer Kaffeejause ein, verkocht aber das Getränk mit 20 Gramm frischen Tabaks.
Kaum ist der Kaffee getrunken, klagt die jüngere der beiden über Schwindel, Übelkeit und die Unfähigkeit, aufrecht zu gehen.
Die andere Tochter bekommt hektische Flecken im Gesicht und meint, ihr Herz höre auf zu schlagen. Die beiden Lebensgefährten werden fast zur selben Zeit kalkweiß im Gesicht und erbrechen das Genossene über den Tisch.
Kurz darauf wird einer von klonischen Krämpfen befallen. Der andere sitzt mit weit geöffneten Augen und starrem Blick da; sein Sehloch ist unnatürlich erweitert.
Die Mutter, die wegen ihrer Herzbeschwerden keinen Kaffee getrunken hat, sitzt dabei und beobachtet die Szene. Plötzlich beginnt sie über die Übersiedlung in ein Altersheim zu sprechen.

29
TOLLKIRSCHE
Atropa belladonna

Benennung
Teufelsbeere, Tollkraut, Schlafkraut, Wolfskirsche, Wutkirsche, Waldnachtschatten

Beschreibung
Der Wurzelstock ist dick, außen gelb, innen weiß. Der Trieb ist krautartig und aufrecht. Die Blätter sind elliptisch und stark geädert. Die Blüten stehen einzeln und sind blau. Die Frucht ist eine Beere, kirschengroß, und sitzt auf einem sternförmigen Kelch.

Blütezeit & Fundort
Die Pflanze blüht von Juni bis September und wächst in Bergwäldern, auf Holzschlägen und an Mauern von Ruinen.

Eigenschaften & Wirkungen
Die Wurzel hat einen widerlichen Geruch und einen faden, süßen, später bitter schmeckenden Geschmack. Das Gift befindet sich in allen Teilen der Pflanze, vor allem aber in der Kirsche.
Die Wirkungen sind: Schwere des Kopfes, Flimmern vor den Augen, Funkensehen, Doppelsehen, Delirien, Schlafsucht, Irrereden, Schwerhörigkeit, Wahnsinn, Tobsucht, Raserei, Wasserscheu, Brustbeklemmung, lallende und stammelnde Sprache, krampfhaftes Schließen des Aftermuskels, scharlachfarbene Gesichtsröte, Auftreibung des Gesichtes, Bewußtlosigkeit und der Tod.

Dosis minimalis/letalis
Der Konsum <u>einer</u> Kirsche bereitet bereits Symptome, aber nicht unbedingt die mit dem Tode endenden. Der Saft aber, in größeren Mengen zugeführt, führt unweigerlich in den Tod unter Qualen.
Die Dosis letalis liegt bei 15 Milliliter.

KASUS – TOLLKIRSCHE

Ein sogenannter Eigentümer eines pharmazeutischen Unternehmens kam durch den Besitz von zwanzig besitzlosen Arbeitnehmern zu seinem Besitz. Eines Tages wird er von den Arbeitern in ein Labor gesperrt und gezwungen, den Saft von Tollkirschen zu trinken.
Kurz nach der Einnahme beginnt er irre zu reden und versucht mit lallender und stammelnder Stimme seinen ungerechtfertigten Besitz und sein Ausbeutungsverhalten zu rechtfertigen.
Die Besitzlosen aber lachen nur.
Als er dies sieht, bekommt er Tobsuchtsanfälle, beginnt zu rasen, wird scharlachrot im Gesicht und springt schließlich durch das geschlossene Fenster ins Freie, wo er zerschmettert auf dem Boden liegen bleibt und unter Zuckungen stirbt.

30
WASSERMERK
Sium latifolium

Benennung
Froscheppich, Froschpeterlein, Wassermergl, Wassereppich, Wasserpastinak

Beschreibung
Die Wurzel wächst schief in den Boden. Der Stengel ist aufrecht, kahl, hohl und ästig. Die Blätter sitzen auf rinnenartigen Blattstielen. Die Blüten bilden gipfelständige Dolden. Die Frucht ist eirund.

Blütezeit & Fundort
Die Blume blüht von Juli bis September und wächst in Sümpfen und auf feuchten Wiesen.

Eigenschaften & Wirkungen
Kraut und Wurzel haben einen widrigen, etwas narkotischen Geruch und einen bitteren, scharfen Geschmack. Die Wurzel erzeugt, zu sich genommen, bei Mensch und Tier den Tod.

Dosis minimalis/letalis
Die mindeste symptomerzeugende Menge ist ein Teelöffel der zerriebenen Wurzel. Drei bis vier davon bringen den Tod.

Sium latifolium.
Der breitblättrige Wassermerk.

KASUS – WASSERMERK

Ein Fischer, den deutsche Urlauber seit Jahren als Sehenswürdigkeit bestaunten, rieb eines Tages die Ausbeute eines Fangs mit dem Saft der Wassermerkwurzel ein und bot die Fische den Fremden zum Kauf an. Am nächsten Tag passieren in dem Ort seltsame Dinge.
Eine deutsche Frau verfällt in Raserei und erschlägt ihren deutschen Mann im Schlaf mit einem Golfschläger; ein junger deutscher Sportlehrer vergewaltigt auf offener Straße eine deutsche Achtzigjährige; ein junges deutsches Kind stößt seinen deutschen Großvater vor ein fahrendes Auto eines deutschen Urlaubers; eine deutsche Haufrau schneidet sich die Pulsadern auf; ein deutscher Gymnasiallehrer namens Pabel hetzt auf eine Gruppe deutscher Kinder seinen scharf dressierten deutschen Schäferhund; einige deutsche Kinder werden dabei schwer verletzt. Als sich die Vorfälle herumsprechen, wird der Ort von deutschen Urlaubern jahrelang gemieden.

31
WASSERSCHIERLING
Cicuta virosa

Benennung
Schierling, Wasserwüterich, Warzenkraut, Scherle, Watscherling, Wutschierling, Wutscherling

Beschreibung
Der Wurzelstock ist eirund und grün. Der einjährige Trieb ist hoch, gerillt und purpurfarben. Die Blätter sind zart gefiedert. Die Blüten bestehen aus Dolden. Die Frucht ist zweisamig.

Blütezeit & Fundort
Die Pflanze blüht im Mai und Juni und wächst an stehenden Gewässern und sumpfigen Orten.

Eigenschaften & Wirkungen
Der Wasserschierling gehört zu den giftigsten Pflanzen überhaupt. Der Wurzelstock riecht übel, und der Saft läßt aus dem Wasser giftige Blasen aufsteigen. Schon der Geruch kann Ohnmachten erzeugen, eingenommen führt er zu Entzündungen des Darmes und zum Tod.

Dosis minimalis/letalis
Die geringste unangenehme Wirkung entsteht durch Riechen bzw. durch das Einatmen der Ausdünstung. Es kommt dabei zu Übelkeit und Erbrechen.
Tödliche Folgen hat die Einnahme, wobei die Mindestdosis bei drei bis vier Wurzelscheiben liegt.

Der giftige Wasserschierling. Cicuta virosa.

KASUS – WASSERSCHIERLING

Eine Frau wurde schon seit Bestehen ihrer Ehe von ihrem Mann als Hausfrau benützt und in ihrer Rolle als Frau mißachtet. Tagtäglich kontrollierte der Mann pedantisch die Wohnung, das Geschirr und die Kleider.
Die Frau findet das Los unerträglich und füllt seine Seifenschale mit dem Saft der Wasserschierlingswurzel und legt die herb riechende Tabakseife in die Flüssigkeit.
Als der Mann am nächsten Morgen ins Badezimmer geht, hört die Frau plötzlich mehrere unterdrückte Schmerzensschreie. Sie öffnet die Türe und sieht ihren Gatten mit stark blutendem, blasenübersätem, hautlosen Gesicht und Händen vor sich.
Er hebt den Arm zum Schlag, doch als er das Blut zu Boden tropfen sieht, zuckt er zurück, beginnt zu schlucken, fällt in Ohnmacht mit der Frage, womit er das verdient habe.
Als er besinnungslos am Boden liegt, antwortet die Frau.

32
WUNDERBAUM
Ricinus communis

Benennung
Agnus castus, Böhmische Katl, Römische Bohnen, Türkischer Hanf, Springkörper

Beschreibung
Der Stengel ist krautartig, röhrig und rötlich gefärbt. Die Blätter wachsen wechselständig. Die Blüten bestehen aus pyramidalen Rispen und sind gelb. Die Frucht ist spaltig und kugelförmig.

Blütezeit & Fundort
Der Wunderbaum blüht im August und September. Er wächst in warmen Gegenden und wird wegen seines schönes Aussehen kultiviert.

Eigenschaften & Wirkungen
Aus den weißen, ölig-fleischig schmeckenden Samenkörpern der Frucht wird das Ricinusöl gepreßt. Es erzeugt heftiges Erbrechen, Magenbrand und ungewöhnlich starken Durchfall.

Dosis minimalis/letalis
Zwei bis drei Eßlöffel des Öls erzeugen die genannten Erscheinungen. Über Todesfälle ist nichts bekannt.

Ricinus communis.
Der gemeine Wunderbaum.

KASUS – WUNDERBAUM

Ein Vater bedingt sich aufgrund seiner rollenmäßigen Autorität das Privileg aus, bei jeder Mahlzeit etwas Besonderes zu bekommen. So erhält er Schinken mit Ei, wenn die anderen Fettbrot essen oder ein anderes Mal ein gegrilltes Hühnchen, während die Mutter und die Kinder sich mit Grieskoch zufrieden geben müssen. Da die Tochter der Familie diesen Zustand unerträglich findet, tränkt sie die Gänseleberpastete des Vaters mit dem Öl des Wunderbaums.

Bald wird der Vater von Übelkeit, heftigem Erbrechen, Magenbrand und Durchfällen geplagt. Der Arzt empfiehlt dem Kranken, das Bett zu hüten und eine Woche nur Tee und Zwieback zu sich zu nehmen, aber auch danach kulinarische Experimente tunlichst zu vermeiden.

Die ganze Familie wundert sich, nur die Tochter weiß, was die Ursache war.

33
ZAUNRÜBE
Bryonia alba

Benennung
Gichtrübe, Gichtwurz, Scheißrübe, Sauwurz, Stickwurz, Teufelskirsche, Weißer Widerton, Zaunrebe, Tollrübe

Beschreibung
Die Wurzel ist milchend, graugelb und innen weiß. Der Stengel ist ästig und kletternd. Die Blätter sind herzförmig und langgestielt. Die Blüten sind kleine, gelbe Sterne in Form von Dolden. Die Frucht ist eine schwarze, saftige Beere.

Blütezeit & Fundort
Die Pflanze blüht von Mai bis Juni an Zäunen, Hecken und auf feuchtem Grund.

Eigenschaften & Wirkungen
Die Wurzel der Pflanze enthält einen weißen Milchsaft, der in frischem Zustand einen widerlichen Geruch und einen ekelhaften Geschmack besitzt. Er ist so giftig, daß er bei Berührung sofort die Haut rötet. Eingenommen verätzt er die Speiseröhre, erzeugt Erbrechen, Bauchschmerzen, Angst, Ohnmachten und den Tod unter Zuckungen.

Dosis minimalis/letalis
Die geringste unangenehme Wirkung wird durch den Kontakt mit dem Milchsaft hervorgerufen. Die Symptome sind Rötungen. Eingenommen bedeuten drei bis vier Eßlöffel den Tod unter Zuckungen.

Bryonia alba.
Die weiſse Zaunrübe.

KASUS – ZAUNRÜBE

Ein Mensch, der jeden Tag die ihm immer unerträglicher erscheinende Werbung einer Waschmittelfirma zu sehen gezwungen ist, schickt an die Werbeabteilung der Firma ein Päckchen mit Bonbons, in die er den Saft der weißen Zaunrübe injiziert hat, schreibt einen langen Brief, in dem er seine Anerkennung über das Produkt vorgibt, und setzt sich wie jeden Tag vor den Fernsehapparat.
Der Graphiker freut sich sehr über das Geschenk und wartet dem zufällig anwesenden Direktor der Firma etwas von der Süßigkeit auf.
Nachdem er selbst ein Dragee genommen hat, werden beide Herren fast zur selben Zeit von Hustenkrämpfen und Halsschmerzen überwältigt. Den Graphiker überfällt Todesangst, und der Direktor beginnt am ganzen Körper zu zucken; trotzdem kann er sich noch zum Telefon schleppen und Hilfe herbeirufen.
Doch es ist zu spät.
Ehe sie gerettet werden können, ereilt sie ein qualvoller Tod.

IV. STICHWORTVERZEICHNIS MÖGLICHER SYMPTOME DURCH PFLANZEN

(Die angegebenen Zahlen beziehen sich auf die Nummerierung des Glossars.)

Aftermuskel	- krampfhaftes Schließen des 29
Anfälle	- 4
	- seltsamer Natur 4
Angst 8, 33	
Angstgefühle 27	
Anschwellen	- aller oberen Teile bis zum Nabel 5
	- der Augenlider 5
	- der Nase 5
	- der Ohren 5
Arme	- eiskalte 16
Atembeschwerden 8	
Atmen	- verstärktes 7
	- schnelles 17
	- schweres 18
Aufbeißen von Nüssen scheinbares 3	
Aufschneiden der Pulsadern 30	
Aufschreien unterdrücktes 31	
Aufstoßen langanhaltendes 11, 15	
Auftreiben des Gesichtes 29	
Auftreibung des Unterleibes 27	
Augäpfel rot unterlaufene 15	
Augen	- gebrochene 10
	- starr geöffnet 28
Ausschläge	- 11, 21, 22
	- am ganzen Körper 12, 27
	- an den Geschlechtsteilen 12
	- blutende 12
Bauchrumoren 18	
Bauchschmerzen 33	
Beängstigung 28	
Beeinträchtigung des Atmungsgeschäftes 28	

Beine - eiskalte 16
- wunde 23
Benommenheit 27
Beschwerden übelste 22
Betäubung 7, 11
Bewußtlosigkeit 29
Bewußtsein herabgesetztes 9
Blasen - 16, 23
- am Hals 23
- auf der Haut 15
- blutwassergefüllte 5
- verbrennungsartige 5
Blindheit 24, 26
Blut - im Harn 6
- zu Boden tropfend 31
Brechneigung 25
Brennen - auf der Kopfhaut 15
- auf den Lippen 3
- auf der Zunge 3
- entsetzliches 6
- heftiges 10
- im Schlund und in der Speiseröhre 10
- im Magen 1
- im Hals 1, 3
- in den Augen 15
Brust - mit Blasen überdeckt 23
Brustbeklemmung 29
Dampfen am ganzen Körper 23
Darmentzündung - 1, 15, 31
- schmerzvolle 22
Delirien 3, 13, 27, 29
Doppelsehen 24, 29
Durchfall - 9, 13, 15, 16, 18, 23, 25, 32
- blutiger 10
Durst - 3, 9, 29
- großer 27
Einfluß übler auf den Kreislauf 28
Ekel 4

Entzündung - der Atmungsorgane 19
 - des Darmkanals 1
 - der Eingeweide 23
Erblindung 15
Erbrechen - 2, 3, 4, 8, 9, 10, 15, 18, 25, 26, 28, 31, 32, 33
 - grünen Schleims 10
 - unerwartetes 9
Erschlaffung allgemeine 28
Erschlagen eines Mannes mit einem Golfschläger 30
Erstarrung der Zunge 10
Ersticken 10, 16
Erstickungsanfälle - 14
 - krampfartige 23
Erweiterung der Pupillen 27
Fallen um 2
Farbenblindheit 24
Fieber 7, 8, 21
Flecken - am ganzen Körper 7
 - auf der Haut 12
 - erbsengroße, rote 22
 - hektische 28
Flimmern vor den Augen 24, 29
Füttern von Finken mit Kernen, vermeintliches 3
Funkensehen 24, 29
Gedärmentzündung 13, 16, 24
Gefühl - der Schwäche 18
 - des Feuers auf der Haut 5
 - schmerzhaftes
Geschwüre - 21
 - innere 12
Gesicht - erblaßtes 10
 - scharlachrotes 29
 - verkrampftes 27
 - verzerrtes 8, 20
Gewicht verlieren 9
Gicht 21
Glieder erstarrte 5
Greifen sich ans Herz 2

Hände — stark blutend, blasenübersät und hautlos 31
Halluzinationen 3
Halsschmerzen 33
Handbewegungen unkoordinierte 1
Handlungen sonderbare 3
Harndrang - 16, 18
— erhöhter 28
Harnzwang 10
Haut — brennrote 23
— gerötete 33
Hautausschlag 18
Heiserkeit 3, 18
Heiterkeit 11
Herabstimmung des Puls- und Herzschlages 28
Herz schneller schlagend 20
Herzrasen 20
Herzschmerzen 17
Herzstillstand 9, 17, 20
Hetzen, einen scharfen deutschen Schäferhund auf eine Gruppe von Kindern 30
Hörschwierigkeiten 28
Hundesehen 13
Husten 10, 16
Hustenkrämpfe 33
Impotenz 28
Irrereden 13, 29
Irrsinn 3
Juckreiz 5
Kälte der Gliedmaßen 19, 28
Kältegefühl am ganzen Körper 8
Kalkweiß werden 28
Katzen sehen 13
Kauderwelsch unverständliches von sich geben 3
Kinnbackenkrämpfe 27
Klettern auf einen Baum vermeintliches 3
Körper sich kalt anfühlend 10, 11
Kolikschmerzen 26

Kopf scheint zu platzen 15
Kopfausschlag juckender 19
Kopfschmerzen - 9, 17, 28
                       - unerträgliche 4
Kopfweh 4
Krämpfe - 8, 18
              - klonische 28
Krampfzittern 27
Krank 7
Krankheitserscheinungen 4
                       - alle möglichen 8
                       - seltsame 21
Kratzen im Hals 9, 28
Kreislauforgane angegriffene 20
Lächeln sardonisches 3
Lähmungen 3, 8, 18
Lähmung der Atemtätigkeit 28
Leibschmerzen 3, 16
Lesen - nicht richtiges 3
          - von hinten nach vorne 3
Lippen - blaugewordene 7
          - erblaßte 10
Magenbrand 32
Magenschmerzen 15
Muskelschwäche 3
Nägel blau an den Händen und Füßen 8
Nerven verlieren 20
Niedergeschlagenheit starke 8
Niesen 16
Oberschenkel wunde 23
Ohnmachten 19, 23, 31, 33
Ohnmächtig werden 2
Ohrensausen 3, 9
Puls - beschleunigter 17
       - kurzer 10
       - schneller 18
       - unregelmäßiger 9
       - unterdrückter 10

Raserei   13, 21, 29, 30
Reißen   - im Harnwerkzeug   10
                        - im Unterleib   10
Reizung des Magens   27
Respiration röchelnde   28
Rieselgefühl   18
Röcheln krampfartiges   10
Rötungen   16, 33
Schläfrigkeit   28
Schlaf   17, 18
Schlafend die Hände reiben   11
Schlafsucht   7, 11, 29
Schlangestehen vor der Toilette   17
Schleimhäute entzundene der Atmungsorgane   16
Schmerzen   - heftige   3
                       - im Hinterhaupt   8
                       - im Magen   7
                       - im Unterleib   16, 19
                       - in den Gelenken   3
                       - in der Halsgegend   19
                       - in der Herzgegend   9
                       - in der Hüftgegend   3
                       - starke   8, 9
Schnarchen lautes   11
Schneiden im Unterleib   10
Schwachsichtigkeit   3
Schwächer werden immer mehr   7
Schwarzsehen   24
Schweiß kalter   13
Schweißausbruch   18
Schwellungen starke   5
Schwere des Kopfes   29
Schwerhörigkeit   29
Schwindel   - 27
                       - vom befallen werden   3, 9, 11, 28
Schwindelanfall   13
Sehen   - gestörtes   3
                       - undeutliches   28

Sehloch unnatürlich erweitertes 28
Sehvermögen nachlassendes 15
Speichelabsonderung vermehrte 9
Speichelfluß 18
Speiseröhre   - verätzte 33
Sprache lallende und stammelnde 29
Sprachlosigkeit 7
Sprechen heiseres 7
Standeskontrolle nicht erscheinen bei der 17
Stehen nicht mehr können 7
Sterben unter Krämpfen 3
Stiller werden 7
Stoßen des Großvaters vor ein fahrendes Auto 30
Stuhlgang blutiger 27
Stuhlverstopfung 17
Tobsucht 29
Tod   - 1, 2, 3, 4, 7, 9, 10, 11, 12, 13, 14, 15, 16, 17,
               18, 19, 21, 22, 23, 24, 26, 27, 28, 29, 30, 31,
               33
               - durch Krämpfe 14
               - durch Lähmung 7
               - unter Qualen 8
               - qualvoller 10
               - sicherer 9, 10
Todesangst 1, 20, 33
Tödlich 12
Tränen aus den Augen treiben 16
Trieb zu Beißen 27
Übelkeit   - 2, 8, 13, 28, 31, 32
                    - in sich spüren 2, 9
Unmöglichkeit Tee zu trinken 14
Unruhe seltsame 19
Unterscheiden nur mit der Brille 3
Urin in Mengen ablassen 11
Urinabgang starker 19
Verätzung   - 23, 25
                     - der Atmungsorgane 22
                     - im Gesicht 26

　　　　　　　　　　　- der Schleimhäute　19
Verbeißen　1
Verfärbung an den Gliedmaßen　8
Vergewaltigung einer Achtjährigen　30
Verlust der Kraft　7, 17
Verstandestätigkeit gestörte　3
Wälzen am Boden　4
Wahnsinn　13, 29
Wasserscheu　27, 29
Wegscheuchen von Pfauen vermeintliches　3
Weißwerden im Gesicht　4
Worte so aussprechen als ob in ihnen nur die Selbstlaute A und O enthalten wären　1
Würgen　26
Wutanfall　　　　- 1
　　　　　　　　- ungestümer　1
Zittern　　　　　- der Glieder　4
　　　　　　　　- heftiges　4
　　　　　　　　- krampfhaftes　28
Zuckungen　3, 4, 13, 33
Zugänglich werden　11

Thomas Eder

DAGEGEN IST KEIN KRAUT GEWACHSEN

I) Eisendles *Vademecum*

Helmut Eisendle hat seinem „Glossar über die Verwendung von Giftpflanzen" mit dem „asthenischen Täter" eine widersprüchliche Wortzusammenstellung zugrunde gelegt. Die nach Begriffsdefinition unmögliche Täterschaft eines Asthenikers soll durch Eisendles *Vademecum* allen geneigten Leserinnen (m/w), die sich der asthenischen Mehrheit zugehörig fühlen, Gegenmittel wider die sthenische Minderheit der Machthaber in allen Hinsichten zur Verfügung stellen. Was aber könnte das heißen?

Das aus dem Griechischen stammende Begriffspaar „Sthenie – Asthenie" wurde von dem umstrittenen schottischen Arzt John Brown (1735-1785) für die von ihm begründete „Erregungstheorie" und eine darauf aufbauende Arzneikunst („Brownianismus") adaptiert. Unter Sthenie verstehen Brown und seine Nachfolger Überkraft, Überstärke etc., als eine Form der Krankheit, „die in vermehrter Erregbarkeit besteht, und sich besonders durch eine vermehrte Tätigkeit des Körpers und Geistes kund giebt, wodurch aber andere Verrichtungen des Körpers gestört werden oder leiden, welches die schnelle Aufregung bewirkt." (Johann Georg Krünitz: „Oeconomische Encyclopädie, oder allgemeines System der Land= Haus= und Staats= Wirthschaft", 1773ff., Lemma: „Sthenie")
Asthenie, als Gegensatz zu Sthenie, bezeichnet eine Störung in der angemessenen Erregungsleitung, die zu Apathie und Handlungsunfähigkeit führt; Asthenie

kann nicht nur durch einen Mangel, sondern auch durch ein Übermaß an Erregung hervorgerufen werden: „Die Asthenie nun ist zweierlei: ist der Reitz der Erregbarkeit zu schwach, entsteht nicht Erregung genug, so ist es *directe Asthenie*; ist hingegen die Reitzung für die Summe der Erregbarkeit zu stark, so entsteht *Hypersthenie*: es wird zu viel Erregbarkeit consumirt, und dadurch entsteht *indirecte Asthenie*." (Brockhaus Conversations-Lexikon, Bd. 5. Amsterdam 1809, Lemma: „Sthenie", S. 393)

Es ist nicht verifizierbar, ob Helmut Eisendle den „Brownianismus" ausführlich rezipiert hat. *In nuce* jedoch scheint Eisendles Glossar die in diesem System angelegte Verknüpfung von psychologischen, pharmakologischen, diskurskritischen, sozialpolitischen und staatsökonomischen Bereichen zu enthalten. Aus dem allgemeinen Muster von Antrieb und Widerstand, von Kraft zur Durchführung und Paralysierung der Gegenstrebungen gibt „Tod & Flora" vor, ein Modell zur Verwirklichung einer Utopie bereitzuhalten: eine von Machtverhältnissen und von Zurichtungen des Einzelnen durch Staat, Kirche, Ökonomie, Wissenschaft und Gesellschaft befreite Interaktion des *zoon politikon* Mensch. Daß die nach Art eines wissenschaftlichen Lehrbuchs präsentierten und wie Lexikonartikel gegliederten Beschreibungen von kurativ/toxischen Pflanzen jedoch nicht aufrichtig der Anwendung durch die Leserinnen des vorliegenden Bandes anempfohlen sind, erweist die über allem stehende Kraft der poetischen Gestaltung. Die damit einhergehende Ironie setzt die wissenschaftliche(n) Erklärungsstrenge und -stränge außer Kraft. Mit der für die und in der Poesie so wirksamen Mehrdeutigkeit aber mag es zusammenhängen, daß eine ernsthafte und wohltuende Anwendbarkeit von „Tod & Flora" in besonders dringlichen Einzelfällen, in denen jede von uns als darin Ratsuchende sich mitunter befindet, nicht restlos ausgeschlossen ist.

II) Psychologie und Pharmakologie

Die Verbindung von Psychologie und Pharmakologie spiegelt die Biographie des Autors: Eisendle war Anfang der 1970er Jahre neben seiner Arbeit als „freier Schriftsteller" (was immer diese Punzierung bedeuten mag) zum Broterwerb als Pharmareferent für einen internationalen Pharmakonzern tätig. Zuvor hatte er 1970 an der Universität Graz zum Doktor der Philosophie im Hauptfach Psychologie promoviert, seine auf Oktober 1969 datierte Dissertation trägt den Titel „Das Fehlerverhalten beim Lösen von Intelligenzaufgaben als Information über die Struktur der Persönlichkeit" und setzt sich mit der Aussagekraft von sogenannten Intelligenztests kritisch auseinander. Die Abhängigkeit zwischen Fehlern beim Lösen von Intelligenzaufgaben (Leistungstest) und Persönlichkeitseigenschaften wird darin herausgestellt, die Art der gemachten Fehler werde von der Persönlichkeit der Probandin mitbestimmt.
Der bis in diese Zeit im Bereich der wissenschaftlichen Psychologie wirksame Behaviorismus ist es auch, der in „Tod & Flora" an einigen Stellen auf die ironische Schaufel des *poeta doctus* genommen wird. So bezeichnet Eisendle z. B. den Hauptteil seines Glossars in den vorbereitenden „einführenden Betrachtungen" als „ein Mittel zur systematischen und gezielten Symptomapplikation", wobei „Wertfragen" ausgeblendet werden sollen und der „Autor sich jeder ethischen Stellungnahme" (S. 20) enthalte. Die Ausblendung jeder psychischen Motivation und die Beschränkung auf das objektiv beobachtbare Verhalten von Kreaturen waren

Grundannahmen des Behaviorismus, alle inneren mentalen Vorgänge wurden, wenn nicht gar geleugnet, so doch innerhalb einer der wissenschaftlichen Befassung nicht zugänglichen und deshalb uninteressanten Black-Box angesiedelt, ja eingesargt. Zwar ist kein konsequenter, molekularer Behaviorismus, wie er z. B. von John Broadus Watson vertreten wurde, der Antipode von Eisendles ironisch-essayistischen Büchern aus dieser Zeit – großartig in diesem Zusammenhang etwa auch sein „Handbuch zum ordentlichen Leben oder Ein Testinstrument zur Prüfung der Anpassung an das Durchschnittsverhalten" von 1973, in dem Verhaltensregeln für den richtigen Gesichts- und Körpergesamtausdruck, Prüfungsaufgaben, Verhaltenstests und Lösungsteile ironisch vorgeführt werden. Der von Eisendle in seiner Literatur häufig kritisch umkreiste molekulare Behaviorismus setzte auf die „objektive Methode", indem er alles Verhalten in Reiz und Reaktion zerlegte. Im Gegensatz dazu klingt die Notwendigkeit, bei der Betrachtung von Verhalten auch innere Motivationen zu berücksichtigen, in einem Ausschnitt aus dem Werk Georg Simmels an, wie Eisendle ihn aus S. 15 des vorliegenden Glossars zitiert:
„Das gegenseitige Verhalten der Menschen ist häufig nur dadurch begreiflich, daß eine innere Anpassung uns diejenigen Gefühle anzüchtet, die für die gegebene Situation zu ihrer Ausnutzung oder zu ihrem Durchstehen, zum Ertragen oder zum Abkürzen eben am zweckmäßigsten sind, die uns durch seelische Zusammenhänge die Kräfte zuführen, wie sie die Durchführung der momentanen Aufgabe und Paralysierung der inneren Gegenstrebungen erfordert."
Ein Rest von ironischer Behaviorismuskritik ist auch in „Tod & Flora" zu erahnen: so wird die mitunter groteske Gleichsetzung von körperlicher und psychischer Wir-

kung, die durch das jeweilige Gift/Heil-Kräutlein ausgelöst wird, zum durchgängigen Merkmal der Abschnitte „Eigenschaften und Wirkungen" in den einzelnen Glossar-Texten. Umstandslos und ungeschieden werden psychisch komplexe Verhaltensweisen und einfache körperliche Reaktionen als Wirkungen des Pflanzenkonsums nebeneinander aufgezählt: „Irrsinn", „Ekel", „sardonisches Lächeln" (risus sardonicus, ein krampfartiges Lachen, an dem die Seele unbeteiligt ist, nach der Fama, daß unter der Urbevölkerung Sardiniens [lat. *Sardoni*] es Sitte war, alte Leute zu töten und dabei zu lachen) als Beispiele für komplexe Reaktionen auf das „Bilsenkraut", im Gegensatz dazu einfache körperliche Symptome: „Ohrensausen", „Heiserkeit", „Muskelschwäche", „Zuckungen", „Lähmungen". Am Ende der meisten Wirkungsketten steht der komplex Psychisches und Körperliches in eins fallen lassende terminale Schnitter Tod.
Daß um 1970 die psychologische Wissenschaft dieser Zeit und die Reichweite wie Plausibilität ihrer Erklärungen ironisch in Zweifel gezogen werden, zeigt sich auch an der klassifikatorischen Herleitung der „vier strategischen Grundsätze" (S. 16f.), vor allem aber in der Absurdität des „Konstruktionskalküls der Kasuistik" (S. 22), wo Eisendle die Abstraktionswut und den Formalisierungszwang psychologischer Erklärungsmodelle karikiert. Die Unangemessenheit und Lächerlichkeit, mathematische Formeln, Relationen und Graphen zur Darstellung existenzieller Vorgänge wie Machtkämpfe, Befriedungsversuche und Tod zu benützen, wird hier in einer wissenschaftskritischen Volte besonders deutlich. Zur Kritik an der Psychologie gesellt sich die Kritik an der Psychiatrie: In der ersten Fallstudie vergiftet ein „polysymptomatischer Neurotiker" den Psychiater, der ihn nicht erfolgreich behandelte, durch einen mit Alraunwurzeln angereicherten Kräuterschnaps.

Eisendles Wissen um Pharmazie und Pharmakologie schließlich verdankt sich das komplexe Verhältnis von pathogenen versus sanierenden Potentialen von Pflanzen. Hyper- und Hypotoxizität seien lediglich durch quantitative, nicht aber durch qualitative Unterschiede bedingt. Anders als in der „Medizin und Pharmazie, in denen sich durch Irrtum und Zufall die Toten und die Lebenden unter den Behandelten die Waage halten" (S. 19), ermögliche „Tod & Flora" einen zielgerichteten Umgang mit floralen Substanzen: der metaphorisch so genannten „Krankheit Macht" habe der „asthenische Täter" durch das „pathogene Konzept der Giftwirkung Pflanze" entgegenzuwirken, mit der kalkulierbaren idealen Waffe der willentlichen Induktion toxikogener Zustände im „Feind und Patienten" (ebda.). Auch diese Gleichsetzung entbehrt nicht der bereits angesprochenen Ironie, die Eisendle vor allem in seinen Texten der 1970er Jahre entfaltet.

In vielen seiner auch stärker als „Romane" bezeichenbaren literarischen Texte hat Helmut Eisendle essayistische Einsprengsel ebenso benützt wie vorgefundenes, zumeist klassifikatorisches Textmaterial, das er durch Ausstellung und Kommentar einer Neubewertung unterzieht (z.B. in: „Labyrinte de Versailles. Der Irr-Garte [sic!] zu Versailles. Der Irrgarten von Versailles oder Führung durch Äsops Labyrinth der Psyche von Johann Ulrich Krauß und Helmut Eisendle". Berlin: Rainer Verlag u. Renner Verlag 1975). Dadurch erweisen sich viele seiner Texte als implizite, angewandte Diskursanalysen.

III) Diskurs und Macht

Das Verhältnis von Herr und Knecht wurde durch Hegel in die politische Philosophie eingeführt und spielt seither eine zentrale Rolle bei der Analyse von Machtverhältnissen. Grob umrissen, wird dieses Verhältnis in der „Phänomenologie des Geistes" so dargestellt: Der politische Ausgangszustand ist ein vorzivilisatorischer des nackten Kampfes, bei dem sich der spätere Herr deshalb durchsetzt, weil er sich im Gegensatz zum späteren Knecht nicht davor scheut, sein Leben aufs Spiel zu setzen. Als Ergebnis dieses offenen Kampfes bildet sich ein Herrschaftsverhältnis heraus, bei dem der Knecht zum Knecht wird, sobald er sich scheut, sein Leben im Kampf zu riskieren. An diesem Punkt kommt der geschichtliche Prozeß ins Spiel: Im Zuge seiner durch die Herrschaftsverhältnisse bedingten unterwürfigen Tätigkeiten erwirbt der Knecht entscheidende, für das Überleben des Herrn wichtige Fertigkeiten, zum Beispiel im Agrarfeudalismus den Ackerbau. Auf diese Weise wird der Herr vom Knecht abhängig. Solange sich der Knecht dessen nicht bewußt ist, bleibt das Herrschaftsverhältnis stabil; erst der „qualitative Sprung" (Hegel) im Bewußtsein des Knechtes, der seine Macht zu begreifen beginnt, schafft die historische Basis zur Umkehrung des Verhältnisses, mithin zur Revolution.

In vielen der Fallstudien Eisendles, wo beschrieben wird, wie asthenische Täter sthenische Machthaber mit den vorgeschlagenen Mengen an Pflanzenextrakt versehen, spielt das Verhältnis Herr/Knecht eine Rolle. Asthenische Arbeitnehmer und Lehrlinge setzen sich gegen ihre sthenischen Lohngeber und Lehrherren ebenso zur Wehr, wie Mieter gegen Hausherren, eine Prostituierte gegen ihren Zuhälter oder die Assistentin eines Urologen, die den Patienten ihres Dienstherrn mittels „Buschanemone" Blut im Urin induziert.

Das in einer weiteren Fallstudie geschilderte Verhältnis von Insassen einer Strafanstalt zu ihren Aufsehern und die diesbezügliche Korrektur mittels Bilsenkraut, vor allem aber mehrere Kasus-Studien aus dem Verhältniskreis „Frau – Mann" lassen auch an die Diskursanalyse in der Foucault'schen Spielart denken. In solchen „postmodernen" Theorien wird Wissen als Befestigung von Herrschaftsverhältnissen interpretiert, wobei gezielt der Standpunkt der „Geknechteten", also von Minderheiten, eingenommen wird. In einem Fall wird sogar ein Professor der Botanik als ahnungslos und somit als potentielles Opfer einer Intoxikation dargestellt.

IV) Glossar, Lemma, Dichtung

Was aber könnte die Entscheidung Eisendles, das vorliegende Glossar in Form von genau in ihrer Struktur normierten alphabetischen Einträgen von toxischen Pflanzen anzulegen, mit einem Register der möglichen Symptome im Anhang, „motiviert" haben? – Wagen wir kurz den Blick in die Black-Box von Eisendles Dichter-Kopf. In der Literatur der Wiener Nachkriegs-Avantgarde finden sich einige Beispiele, die naturwissenschaftliche Systematik und Klassifikatorik zur Betrachtung von Flora und Fauna auf ihre poetische Wirksamkeit hin untersuchen, am prominentesten ist hier wohl H.C. Artmann und seine Linné-Adaption zu nennen, aber auch seine „anatomie und linearperspektive der melone" und die listenartigen Texte seiner „verbarien" (auch dieser Titel spielt ja unüberhörbar auf „Herbarien" an). Die Übertragung von floraler Metaphorik auf Poetisches hat freilich eine viel längere Tradition, „Florilegien" (Blütenlese oder Lesefrüchte), „Minnesangs Frühling" sind Beispiele dafür, wie die doppelte Bedeutung von „Lesen" (als Sammeln von Blüten etc. resp. die Kulturtechnik Schrift rezipieren) genutzt wurde.
Aber Eisendle scheint im Nach- und Gleichklang zur

österreichischen Avantgardeliteratur zudem an der internen poetischen Qualität von Listen, Klassifikatorik, wissenschaftlicher Namengebung etc., wie sie in naturkundlichen Arbeiten zum Ausdruck kommt, interessiert gewesen zu sein. Davon zeugen nicht zuletzt die extensiven Synonymeinträge zu den einzelnen Pflanzen, die als sprechende Namen schon Menetekel ihrer künftigen Verwertbarkeit und final-terminalen Bestimmung sind: „Grindwurz, Scheißkraut, Scheißplotsche", „Hexenkraut, Teufelskraut, Tollkraut", „Hundskraut", „Blasenjuck" etc. etc.

Schließlich aber spannt Eisendle auch den Bogen noch weiter zurück in die Literaturgeschichte: mit seinem Glossar begegnet uns in Teilen ein „umgekehrter Woyzeck". Wenn bei Büchner der Woyzecks Vitalfunktionen manipulierende Doktor äußert: „Den Puls, Woyzeck, den Puls! – Klein, hart, hüpfend, unregelmäßig", so antwortet Eisendle der Machtrelation zwischen Arzt und Patient mit der folgenden Umkehrung der Verhältnisse in der Fallgeschichte vom Lehrling und vom Lehrherrn: „Ein Lehrling, der von seinem Lehrherrn jahrelang gezwungen wurde, vom fünfzehn Minuten entfernten Geschäft Wurst, Brötchen und Bier für das Jausenbrot zu holen, mischte in den Salzstreuer, den der Meister zu verwenden pflegte, Germerpulver, um dieser Tyrannei ein Ende zu bereiten. Der Meister beginnt zu essen, spürt aber nach dem ersten Bissen bereits ein heftiges Brennen im Schlund und in der Speiseröhre. Er macht einen großen Schluck und ißt die Brötchen auf. Bald erbricht er grünen Schleim, Harnzwang überfällt ihn, und sein Körper fühlt sich plötzlich kalt und feucht an. Sein Puls wirkt unterdrückt und kurz, der Atem setzt zeitweilig aus, und er droht zu ersticken. Einige Minuten später röchelt er nur mehr krampfhaft, Lippen und Gesicht sind erblaßt und die

Augen gebrochen. Der Lehrling, den das Mitleid packt, reicht ihm ein Glas Wasser, doch vergebens, der Meister erstickt vor seinen Augen." (S. 66)

Das Experiment, das der Doktor an Woyzeck vornimmt, wird durch Eisendles Glossar fortan an den sthenischen Machthabern vorzunehmen sein. Nicht der Puls der Woyzecks wird künftig von Doctores befühlt werden, sondern der Puls der Intoxinierten durch die „asthenischen Täter", so sie dieses *Vademecum* beherzigen.

Im Jahr 1976 hat Helmut Eisendle „Tod & Flora" als „Unikatbuch" (eine bibliophile Rarität) an Jochen Jung verkauft, nun erblickt es im Jung und Jung Verlag das Licht der seiner bedürfenden Öffentlichkeit. Lest und handelt!